◆ 2018年4月19日，时秋静校长在山东省教科院赴冠县"送教支教"活动中执教了公开课《触摸春天》，并进行了题为《基于课程标准 打好三个基础 培养核心素养》的专题讲座。

◆ 2019年11月3日，时秋静校长为山东省教育厅组织的扶贫工作重点村小学校长培训班活动进行了题为《凝聚智慧 激励团结 引领发展》的专题讲座。

◆ 2018年5月31日，时秋静校长在学校庆祝"六·一"儿童节大会上致辞。

◆ 2020年1月，经山东省教育厅遴选公派，时秋静校长赴新加坡南洋理工大学攻读教育管理硕士。

◆ 2020年11月14日，时秋静校长在山东省初中校长"订单式"精准全员集中培训活动中进行了题为《运用系统思维优化学校内部管理》的专题讲座。

◆ 2021年5月20日，时秋静校长在山东省基础教育美育工作研讨会上进行了题为《美育课程和课程美育一体化推进的实践探索》经验介绍。

◆ 2021年6月18日，时秋静校长在齐鲁名校长办学思想论坛上进行主题报告。

◆ 2021年3月27日，华东师范大学基础教育改革与发展研究所五育融合研究中心授予济宁市东门大街小学"全国五育融合实践联盟校"称号。

◆ 2020年5月，时秋静校长通过"一对一"方式对家庭困难学生进行心理健康疏导教育。

◆ 2021年3月21日，时秋静校长陪同中国教育报刊社、中国教师报总编辑雷振海、中国教师报现代课堂周刊主编褚清源、中国教师报"课改中国行"活动执行人杨智伟等专家到学校指导工作。

◆ 2021年6月1日，时秋静校长陪同任城区区长张令华、任城区政协主席蔡可强等领导与少先队员们共度"六·一"儿童节。

◆ 2021年9月14日，时秋静校长应邀在《教育家》杂志组织的"新时代学校德育的突破创新"线上论坛中进行了题为《适美德育 向美生长》的主题讲座。

◆ 2019年11月，时秋静校长和学生们一起开展科技节，向一年级小朋友讲解科普知识。

◆ 2021年12月23日，时秋静校长在济宁市小学重点联系学校教学工作交流暨"双百"工程校长能力提升培训活动中进行经验介绍。

名校名师丛书

追寻教育的美好

知其美，行其美，美其美

教育就是激发孩子们内心向善的温暖、向上的力量、向美的自信，把一切美好的东西留给孩子们。

时秋静　著

ZHUIXUN
JIAOYU DE
MEIHAO

光明日报出版社

图书在版编目（CIP）数据

追寻教育的美好／时秋静著．—北京：光明日报出版社，2022.2
ISBN 978-7-5194-6456-1

Ⅰ.①追… Ⅱ.①时… Ⅲ.①小学－校长－学校管理 Ⅳ.①G627.1

中国版本图书馆 CIP 数据核字（2022）第 029415 号

追寻教育的美好
ZHUIXUN JIAOYU DE MEIHAO

著　　者：时秋静	
责任编辑：谢　香	责任校对：傅泉泽
封面设计：李尘工作室	责任印制：曹　净

出版发行：光明日报出版社
地　　址：北京市西城区永安路 106 号，100050
电　　话：010-63169890（咨询），010-63131930（邮购）
传　　真：010-63131930
网　　址：http://book.gmw.cn
E－mail：gmrbcbs@gmw.cn
法律顾问：北京兰台律师事务所龚柳方律师
印　　刷：天津画中画印刷有限公司
装　　订：天津画中画印刷有限公司
本书如有破损、缺页、装订错误，请与本社联系调换，电话：010-63131930

开　　本：170mm×240mm	印　　张：14
字　　数：220 千字	
版　　次：2022 年 2 月第 1 版	印　　次：2022 年 2 月第 1 次印刷
书　　号：ISBN 978-7-5194-6456-1	
定　　价：58.00 元	

版权所有　翻印必究

目　录

一、适美治理篇

基于 SMART 理论的一校多区集团化办学组织结构优化研究
　　——新加坡南洋理工大学教育管理硕士毕业论文 / 3
发展性教师评价与教师专业发展探究 / 51
浅谈校长沟通能力的提升 / 55
关于校园欺凌治理工作的思考 / 61
浅析小学教育质量管理问题及对策 / 67
双减双推双增强，真干真抓真创新
　　——2021 年度教学视导汇报材料 / 73

二、适美德育篇

党旗映彩虹，师生共成长
　　——山东省中小学"一校一品"党建工作品牌示范学校汇报材料 / 81
适美德育，向美生长
　　——济宁市东门大街小学"适美德育"纪实 / 83
立德树人，培养新时代好少年
　　——《教育家》杂志"新时代学校德育的突破创新"线上论坛发言材料 / 89
七彩童年，花向阳开
　　——山东省新时代好少年赵星涵事迹材料 / 92
我爱少先队，我爱红领巾
　　——少先队活动课案例（一）/ 94
红领巾爱劳动，家国情怀记心中
　　——少先队活动课案例（二）/ 99

传承红色基因，做爱国好少年
　　——少先队活动课案例（三）/ 102
欲速不达
　　——少先队活动课案例（四）/ 104
善待地球，珍爱生命
　　——少先队活动课案例（五）/ 107

三、适美特色篇

美育课程和课程美育一体化推进的实践探索
　　——山东省基础教育美育工作研讨会汇报材料 / 113
适其性，美其美
　　——"适美"校本课程体系整体设计方案 / 125
《童心印迹——版画》校本课程纲要 / 132

四、适美课堂篇

《吃饭有讲究》教学案例 / 153

《威尼斯的小艇》教学案例 / 158

《杨氏之子》教学案例 / 162

《平行四边形的认识》教学案例 / 167

《小数的初步认识》教学案例 / 171

《Everyone was happy that day》教学案例 / 176

《草原放牧》教学案例 / 181

《跨越式跳高》教学案例 / 185

《排球正面双手垫球》教学案例 / 189

《线条的动与静》教学案例 / 193

《精美的邮票》教学案例 / 198

《鞋底花纹的启示》教学案例 / 203

《百变绳结》教学案例 / 207

《纸雕花球》教学案例 / 211

一

适美治理篇

基于 SMART 理论的一校多区集团化办学组织结构优化研究

——新加坡南洋理工大学教育管理硕士毕业论文

摘要：本文运用文献研究法和个案研究法，从济宁市东门大街小学的实际情况出发，结合国内外管理学理论，提出新的关于"一校多区"集团化办学管理模式的实践设想。首先，基于目标设置理论和 SMART 理论，提出明确性、激励性和可测性的科学制定目标的三原则；参照已有的组织结构理论，从创新性和开放性两方面来优化学校现有的组织结构。其次，在具体实施过程中，集团化办学仍面临着其他亟待解决的问题，本文也一并指出并提出了有效的解决措施。最后指出，在学校管理所涉及的目标制定、组织结构的优化及其他存在问题的应对上只有根据集团化办学的实际情况适宜调整，才能有效地促进"一校多区"集团化学校管理的改革创新，增强学校的可持续发展和核心竞争力，最终实现教育质量显著提升的目的。

关键词：集团化办学；目标设置；组织结构；SMART 理论

第一章 研究背景

第一节 一校多区集团化学校发展概况

为促进区域教育均衡发展，缩小校际差距，缓解日益尖锐的择校问题，不断满足人民群众对优质教育的更高更新期盼，自 20 世纪末期，全国各地积极探索集团化学校办学模式。集团化办学模式是指在当地教育行政部门的主导下，以名校为核心，通过扩建新学校或者联合薄弱学校，形成以名校为教育品牌的教育集团，实现多所学校的一体化优质发展。在集团化学校办学的多种模式中，"一校多区"集团化学校是指集团内法人唯一，一校多址，统一管理。"一校多区"集团化学校由于校区之间管理更加统一、品牌辐射效应更加突出、内涵发展效果更加凸显等优势被越来越多地方所选择。自2008年以来，山东省济宁市任城区教育和体育局一直将"一校多区"集团化学校管理模式作为教育管理改革的重中之重进行积极探索。

济宁市东门大街小学始建于1948年，位于济宁市东门大街49号，紧邻济宁市委、市政府，是济宁市首批重点小学。学校先后荣获全国学校艺术教育先进单位、全国校园足球特色学校、全国国学经典教育联盟校、全国零犯罪学校、全国红旗大队、山东省中小学德育工作先进单位、山东省教学示范学校、山东省校本研究先进单位等多项荣誉称号。多年来，东门大街小学一直是济宁老百姓心目中的一所名校，赢得了社会各界的广泛赞誉。2014年至2020年期间，济宁市任城区政府在任城区城乡接合地带投资为东门大街小学先后新建了文体校区、创业城校区和运河校区3个分校区，再加上原有的东门校区，目前的东门大街小学共有4个校区，学生6609人，129个教学班，教职工309人。其中，创业城校区2018年开始单独招生，运河校区2020年开始独立招生，目前创业城校区和运河校区均只有一至四年级，等2022年达到完全小学的标准时，整个集团校的学生总人数估计将近一万人。东门大街小学属于典型的"一校多区"集团化学校的办学模式，由学校的副校长兼任各校区的执行校长，各校区在统一的学校办学思想领导下，坚持"文化共融、资源共享、合作共赢、品牌共创"，共同踏上了多校区"和谐同步、优质均衡、特色彰显"的新时代追梦之路。

第二节　目标制定与组织结构存在的问题

"一校多区"集团化学校办学模式的实施，在一定程度上扩充了优质教育资源，使得原有的"择校热"现象得到了明显缓解，为更多济宁老百姓提供了享受优质教育的公平机会。但是，"'一校多区'是教育行政部门主导的外生型组织变迁，并非名校在教育市场竞争中的主动作为。因此，名校的管理层更多的是在被动地应对学校组织内部特征和外部环境的变化。这些变化包括办学规模变大、校区地点分散、师资水平参差不齐、生源多样化"（1，陈文娇，2017），从而导致"一校多区"集团化学校在办学过程中难免会出现这样或那样的问题。笔者作为"一校多区"集团化学校的校长，根据自己的办学体会，认为"一校多区"集团化学校带来的最大挑战就是学校的内部管理问题，尤其是如何解决学校科学制定管理目标和积极优化组织结构的问题。

一、管理目标需要科学制定

科学合理的学校管理目标可以充分发挥各个部门、每一位教职员工工作的积极性、主动性和创造性，增强学校内部凝聚力，有效地推动学校各项工作，有助于实现学校的良性发展。从不同的维度考虑，可以制定不同的学校管理目标。这些不同的维度需要学校管理者综合考量，统筹兼顾。例如，按照时间标准划分，管理目标可以分为集团总校长期管理目标和集团总校短期管理目标；按照层级划分，可以分为集团总校管理总目标和各校区管理分目标；按照职能部门划分，可以分为集团总校管理目标、各个部门管理目标和教职工个人管理目标。

但是，我们不难发现，虽然"一校多区"集团化学校出现了校区数量增多、校区之间差异性较大等客观情况的变化，可绝大多数"一校多区"集团化学校管理者依然坚守单一校区时原有的目标制定思路，即先由校长制定集团总校发展的总体目标，再分别由校级领导团队、中层管理团队、年级部和教研组层层分解目标。这种自上而下的管理目标制定思路，容易导致集团发展总体目标不适用于所有的校区，致使各个校区的管理目标不够明确具体，不接地气。例如，同样是在全区抽考比赛中学生的成绩目标，东门大街小学4个校区之间由于师资和生源的差异，也应该区别对待，合理制定抽考目标，不可搞一刀切。

同时，由于管理者的观念存在偏差，往往只考虑自身任期内的中短期管理目标，忽视对集团总校发展方向的科学论证，缺少对集团管理总目标的战略性定位。在管理目标制定的过程中，往往各个部门、教职工并没有充分参与其中，导致各部门之间管理目标互相不清楚，容易产生扯皮内耗现象和急功近利思想，教职工对目标的认同度低，容易不配合不作为，制定的目标缺少激励性和可测性。

二、组织结构需要不断优化

美国著名的心理学家、1979年诺贝尔经济学奖获得者赫伯特·西蒙曾说过："有效地开发社会资源的第一个条件是有效的组织结构。"从这句话中，我们可以看出组织结构的重要性。

东门大街小学4个校区之间的距离比较远，校区地址相对分散，学校目前采用的"条块结合"的组织结构管理模式，暴露出副校长作为分校区的执行校长在某个校区"块"上的管理效果较好，而在全校某一专业领域"条"上的管理则显得力不从心。由于学校的文体校区、创业城校区和运河校区均为新建校区，所以，这三个校区的新教师所占比例连年猛增暴涨，骨干教师所占比例明显下滑，仅2016年至2018年三年时间，学校就增加新教师120人。再加上2015年国家二胎政策的放开，学校头胎和二胎休产假女教师出现了撞车扎堆现象。无可奈何下，学校多年前好不容易消灭了的聘用代课教师现象再次出现反弹。这些现象亟须学校进一步加强校本培训、校本教研，快速提升教师的专业化水平，确保学校的优质发展。但是，学校原有的组织结构已经跟不上学校优质发展的需要，必须通过重新设计组织结构来应对学校内部和外部的发展变化。

21世纪是信息化高速发展的时代，是大数据时代。随着互联网时代的到来，学校已经"没有围墙"，而且"互联网+"已经成为教育发展的重要一翼。作为学校，必须顺应时代要求，将"互联网+"高效、快捷、方便的传播优势融合于学校管理之中。"互联网+"也呼唤学校组织结构的升级改造。

第三节　研究的方法和意义

本课题研究主要采取文献研究法、个案研究法。

笔者先后在济宁市霍家街小学、济宁市实验小学和济宁市东门大街小学3所"一校多区"集团化学校从事学校管理工作，深切体会到"一校多区"给学校管理带来的巨大挑战，并非仅仅是校区上"量"的变化，更是管理中"质"的挑战。面对新时代对教育提出的更高要求，当现实的培训无法满足教育管理改革的发展需求时，当学校管理者无法再依赖原有经验解决前面所面对的办学新问题时，则需要管理者从自身学校实际出发，主动向国内外经典的管理学理论学习学校管理智慧，打破已有的固定思维模式，更新学校管理理念，创新学校管理思路。

笔者在本研究中将以济宁市东门大街小学为案例，充分利用互联网以及图书馆的资源，检索、收集、研读相关论著，结合对国内外管理学理论的粗浅理解，积极探索"一校多区"集团化学校如何更好地科学制定目标和优化组织结构，力争为"一校多区"集团化学校突破管理瓶颈打开一扇窗，以期有利于促进"一校多区"集团化学校管理的改革创新，提升核心竞争力，不断增强"名校"品牌效应。

第二章 相关理论

本章主要在第一节介绍"一校多区""集团化管理""目标设置""组织结构"等相关概念的定义、内涵、分类、涉及理论等的基础上，在第二节和第三节针对一校多区管理优化实践所涉理论（主要是目标设置理论和组织结构设计理论）进行详细陈述和论证，包括理论的溯源、理论的衍生理论、理论之间的相互联系等。

第一节 概念界定

一、一校多区

一校多区（Multiple-Campus），又称"多校区"，是学校为实现教育教学资源合理配置，仅由一位独立法人代表，但同时又至少拥有两个不同地理位置的校园的办学模式（2，刘海波，谢仁业，2001）。在国内，一校多区起源于高校合并（3，武书连，2002）；在国外，一校多区是一种十分普遍的教学资源配置模式（4，Sammartino，1964）。由于规模巨大，一校多区相较于单校区而言，具有将更丰富的教学资源在更广泛的维度上进行优化配置的可能，其组织结构也更为复杂，在社会生产力上具有非常显著的优势。然而，也正是因为这种规模性差异，一校多区管理体系、资源调度及标准制定等方面面临着诸多难题。例如，各校区教学水平不协调、校区间人事关系复杂，权力的划分与管理混乱等。从组织结构视角来看，要解决这些问题，需要学校管理层根据实际，不断优化自身组织结构，整合教育教学资源，从顶层设计的角度整体规划校园建设发展。

二、集团化管理

"集团"是指以母体机构为基础，通过产权关系形成互通纽带，并利用合资、合作以及股权等方式，将多个单位独立法人集成起来而构建的集团（5，仇玉华，2013）。集团化意味着企业或机构往往可以获得更强的竞争力，然而随着下属机构的增多，需要协调机构之间的关系，例如，人员管理优化、组织结构优化等。而这些管理措施的优化，都牵涉到理论层次的管理理论的运用。学校作为一种教育机构，在其集团化过程中，也会面对和企业相类似的问题。尤其在我国，基础教育领域的教育集团化发展非常迅速，据统计，仅杭州一地，在2016年主城区中小学名校集团化已超过八成，达到200家以上（6，鲁子萧，2016）。

三、目标设置

目标设置是指开发、协商和建立对个体形成挑战的目标的过程，它包含目标管理过程中所涉及的目标的设置条件、挑战和机制等。目标设置理论（Goal setting theory）属于激励理论中的过程型激励。目标设置理论的提出者洛克（Locke，E. A.）强调外来刺激往往是以目标来影响动机的，他认为，设置清晰明确且难度适宜的目标能够帮助员工更好地完成任务，并且能够带来更高的绩效（7，Locke and Latham，1990）。目标设置理论自提出后在管理学领域引起了强烈的反响，给人力资源管理研究提供了有力的理论支持。

四、组织结构

组织结构是描述这个实体内各构成要素及它们之间相互关系的框架体系。早在20世纪初，就有研究者针对企业组织结构的设计提出过组织结构优化方法。组织结构理论先后经历了古典组织理论、行为科学组织理论和现代组织理论三大阶段（8，周颖洁，张长立，2007）。早期的古典组织理论只是侧重于对静态组织结构的研究，而忽略对个性化因素的分析，到40年代，研究者开始强调人的行为在组织结构里的重要性，逐步形成了行为科学的组织结构理论。60年代末，现代组织理论中的结构权变理论正式形成，该理论侧重从管理者的视角研究组织结构的最优设计，并认为管理者应当根据变化不断调整组织结构。

第二节　目标设置的相关理论

一、SMART 目标设置理论

（一）SMART 五大原则

洛克最早提出了目标设置原则 SMART（9，Locke，1968）。一般认为，SMART 原则的五个字母扩展开来分别对应制定团队工作目标的五个原则，分别是：Specific（具体的）、Measurable（可度量的）、Attainable（可实现的）、Relevant（相关的）、Time bound（有时限的）。Specific（具体的）指目标必须是明确而具体的，不能笼统而定；Measurable（可度量的）指目标必须是数量化或者行为化的，验证这些绩效指标的数据是可以获得的；Attainable（可实现的）指目标设定适中，不宜过高或过低，执行者在付出努力后可以实现；Relevant（相关的）指目标之间要有关联性；Time bound（有时限的）指目标是有时间限制的。SMART 基于这五大原则，提出了目标设置的三个挑战（难度、清晰度和自我效能）以及四个调节变量（能力、承诺、反馈和任务的复杂性）。

（二）SMART 三种属性

在设置目标时，无论何种形式的目标，都有助于个体对其时间和努力做出合理安排。尤其那些具体清晰而富有挑战性的目标往往更能激励员工。因此，目标设置的标准应该参考以下三种属性：第一，目标的难度。难度依赖于人和目标之间的关系，一般来说，目标的绝对难度越高，人们就越难达到它。第二，目标的清晰度。清晰度体现在工作任务的内容和方向、最后完成期限和应达到的绩效标准等方面。要使目标能引导个体的努力，它必须清晰而具体，这样个体就知道他要干什么，而用不着去猜。第三，自我效能。自我效能是一个心理学概念，指人们对自己能否有效地实现特定行为目标的自我认知。当对某个任务的自我效能感强的时候，对这个目标的承诺就会提高（10，孔繁玲，2008）。

对于 SMART 的前三个原则，Specific 和 Measurable 对应着目标的清晰度，Attainable 则对应目标的难度与自我效能。目标的清晰度和难度会直接影响目标任务的实现，两者组合不同效果也不同。显然，对于具体、可衡量且具有挑战性的目标而言，人们的完成效果肯定强于模糊且无挑战性的目标。

（三）SMART 的四个调节变量

在目标与绩效之间把握平衡，从而进行目标设置，是 SMART 的最终目标。而影响到这种关系的强度有四个调节因素，包括（个人的）能力、（个人对目标的）承诺、（对任务结果的）反馈和（任务的）复杂性。

第一，能力。在影响目标设置的变量中，能力在首位，这是因为它制约着个体对挑战进行反应的能力。目标的难度与绩效之间呈非线性相关。也就是说，当一个人的能力接近极限时，他的绩效水平却比较稳定。一个人对目标的定向有两种类型：学习型和成就型。学习型目标定向的人认为他们有能力获得新技能，因此他们寻求一些具有挑战性的任务；成就型目标定向的人认为他们完成任务的能力是相对稳定的，因此，他们选择一些在自己能力范围之内的任务。

第二，承诺。洛克认为，对达到目标进行承诺，会使个体拒绝改变目标并在实现目标的过程中起积极作用。而后，Locke 和 Latham 又重新定义了目标承诺的概念，认为目标承诺体现了个体下定决心努力达成原先既定目标的程度。在 SMART 原则中，如果组织中的个人认为目标很重要，且目标自身可以实现，那么他在心理上会增强达到目标的主观决心，即会形成目标承诺并不断强化。

第三，反馈。反馈是个体在完成目标设置的过程中接收到的关于自己行为的信息。及时、明确、可信的反馈可以使个体知道自己在达到目标的过程中行为的正确与否，如果偏离了目标可以迅速进行调整改进，朝着正确的方向努力以便更好地完成目标。反馈有正反馈和负反馈之分，正反馈是个体达到预期标准而得到的反馈，负反馈是个体未能达到预期标准的反馈，伴随正反馈的是奖励，而负反馈则会带来惩罚。此时，便用 SMART 的 Measurable 即可度量性来比较反馈的结果与标准要求，并对奖惩做出限度，使个体根据反馈的结果不断做出调整来满足目标的需要。

第四，复杂性。任务的复杂性是目标与绩效之间关系强度的最后一个调节因素。

对于一项简单任务来说，由挑战性目标引发的努力能直接导致较高的任务绩效。对于更多的复杂任务来说，努力不会直接产生明显的结果。个体也必须决定应如何努力以及努力的方向。

另外，个体在达到设定的目标后会产生满足感。影响满足感的直接因素主要是目标的难易程度，在一定的时间期限中，个体如果实现了难度大的目标，会产生强烈的满足感；如果个体认为该目标较容易实现，那么事后获得的满足感就远小于前者。自我效能感是指个体对自己是否成功地完成设定的目标进行的主观判断。目标的难易程度同样也会影响着自我效能感。当目标太难，个体难以达到并经历多次失败，就会产生较低的自我评价，这时就需要用到 SMART 中的 Attainable（可实现的）和 Time bound（有时限的，即设置的目标需在一定的时间期限内完成）进行调节。在个体既有的能力范围内设置目标，并合理控制目标的完成期限，当目标难度较大时可适当延长期限，难度相当的目标可根据完成期限的长短给予不同程度的奖励，通过有效运用这些影响因素来增强员工的满足感和自我效能感。

在对 SMART 目标设置理论中原则、属性和调节变量的综合分析中不难发现，它们之间存在很大的相关性，这些概念相辅相成，相互影响。很多研究表明，目标设置理论在实践中以 SMART 原则作为准绳，而 SMART 原则又因目标设置理论而不断地在实践中得到进一步发展和完善。

二、对 SMART 原则的不同解释

SMART 原则自提出以来，对各个领域影响深远，以其灵活的兼容性和广泛的适用性满足了多个领域的实践需要，在不同的领域应用和发展的同时，SMART 原则的含义也被赋予了多种不同的解释。

通过对多种资料的分析，可知大多数学者赞成本文采用的这种解释，即 S

-Specific（具体的）：制定的目标或绩效指标必须是明确而具体的，不能模棱两可；M-Measurable（可衡量的）：可量化或行为化制定的目标，衡量目标是否实现的数据或信息可以明确地获得；A-Attainable（可实现的）：目标设定适中，不宜过高或过低，执行者在付出努力后可以实现；R-Relevant（相关的）：目标之间有关联性，目标是否很有价值、很重要；T-Time bound（有时限的）：设置的目标需在一定的时间期限内完成。

在公司组织管理中，SMART 中 A、R、T 代表的含义均有不同的解释：A-Acceptable（可接受的）：员工能够接受所设置的目标，或 Action-oriented（有行为导向的）：员工能够被公司的绩效目标吸引、引导；R-Realistic（实际的）：要对员工提出可行的，付出努力能够实现的目标；T-Time and resource constrained（受时间和资源限制的）：确保公司利益最大化，绩效目标受时间和资源的限制。

而对于具体的某一学科，SMART 中的 M、A、R、T 解释又有新的差异：M-Measurable（受时间和资源限制的）或 Motivate（激励原则）：在教学中用适当的言语或行动鼓励学生，增强学生的自信心和对学习的热情；A-Attainable（可实现的）、Achievable（达成性）或 Activity（活动原则）：教师创新、精心设计教学方式，提升学生参与课堂的积极性，让每个学生在课堂上"动起来"；R-Relevant（相关的）、Resulted-oriented 或 Reason（原因原则）：倡导新课程理念，注重学生做题的质量而非数量，让每位学生对题目背后的知识原因熟悉，培养学生举一反三的发散思维；T-Time bound（有时限的）或 Trust（信任原则）：亲其师信其道——创建良好的师生关系、和谐的课堂氛围，从而更好地提升教学效率。

三、目标设置理论

（一）目标设置理论的基本内容

目标设置理论（Goal-setting Theory）起源于关于决定趋势的早期研究，被学界认为是一种过程型激励理论，它认为目标具有激励作用和行为导向作用，个体会排除困难朝着目标前进，在此过程中将自己的行为结果与目标进行比较，不断反馈、调整，最终实现预期目标，并对实现情况做出评价（11，吴瑕，2010）。

(二) 目标的四种机制

首先，目标具有导向功能。它在认知和行动上引导个体朝着目标努力靠近，而会远离那些与目标无关的事物。Locke发现，在汽车驾驶任务中，学员在要加强训练的目标项目上根据反馈结果进行练习，才能有效提升成绩，但在其他没有设定为训练目标的维度上成绩并没有因反复练习显著提高。可见，对于时间和精力有限的个体，目标具有很强的导向性。Rothkopf在1979年发现学生的注意力和学习会明显集中在具体的学习目标上，而不太关注与目标无关的文章（12，Rothkopf，1979）。其次，目标具有动力功能。目标能调动个体的积极性和主动性，相比于较低的目标，个体需要较大的努力去实现较高的目标。再次，目标具有持久性功能。当参与者可以自己控制用于任务上的时间时，困难的目标比容易的目标耗费更多的时间，同时需要参与者自身持久性的努力和坚持。最后，目标具有利用与任务相关的策略和知识的唤起、发现或使用而间接影响行动的功能。

(三) 目标设置理论的基本元素和高绩效循环模式

经过多年的研究，Latham和Locke（13，2005）等人提出目标设置理论的基本元素和高绩效循环模式，如下图所示：

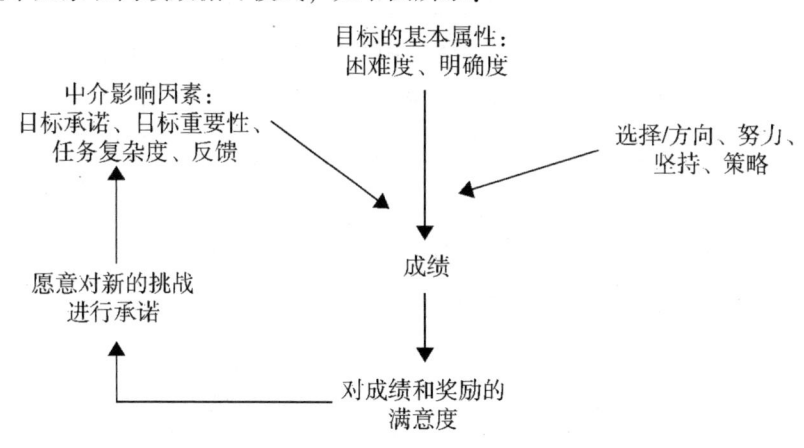

图 2-1　目标设置理论的基本元素和高绩效循环模式

可见，基本元素和高绩效之间构成一个循环，困难度和明确度这两个目标的基本属性直接影响成绩，成绩也受目标承诺、目标重要性、任务复杂度、反馈等中介因素影响，个体的选择/方向、努力、坚持、策略也会影响成绩，个体又会基于成绩和成绩所带来的奖励产生对应的满意度，而满意度又反过来影响个体是否愿意接受新的挑战，并对影响绩效的基本元素产生作用。

（四）目标设置理论的相关研究

纵观国内外研究发现，基于目标设置理论的研究主要集中在探究其影响因素和该理论对更复杂情景的运用上，如目标对绩效作用的影响因素：个体层面上的个体对目标的认可度、个体能力水平、自我效能感、目标承诺、达到目标后的满足感，目标设置的明确度、困难度、挑战性、给予个体的反馈等客观因素等。

然而，在目标设置理论作为一种激励理论被广泛运用于各领域的同时，仍有一些方面的研究有待进一步深入：第一，目标和风险。Locke发现，参与者在计算机游戏中会因为成绩目标较困难而选择使用风险较高的策略，而风险越高，所需要付出的成本代价也就越大，有时候会比选择风险较低的策略带来的成绩差。而这会影响组织在市场中的竞争性，但较好或较差的结果在何种条件下会发生，还需进一步研究（14，杨秀君，2004）。第二，目标冲突。在组织中，组织的目标有时难免会与个体的目标发生冲突。例如，职业经理人进入公司，为了达到在任期间的目标承诺和业绩，可能会产生急功近利的行为，某些行为会带来短期的业绩提升，效率提高，却与组织长期均衡发展的目标相悖。怎样有效避免个体的困难的、具体的目标与组织的目标不一致而对组织带来损失，也是目标设置理论的不足。第三，目标设置理论应关注多个绩效事件发生的激励过程，而不是仅注重单一的绩效事件的激励过程的研究。第四，一些学者研究发现，在复杂任务上，追求学习目标的学生等级不会受影响，但在课堂上的兴趣会提升，而成绩目标有助于提高等级但对兴趣没有影响。因此，同时对学习目标和成绩目标进行研究就显得尤为必要。第五，研究目标设置理论在冲突目标和多样目标等复杂环境下的有效性，建立更精确的目标设置高绩效模型。第六，研究个体在趋近目标的过程中收到反馈的修改过程。第七，随着目标设置理论在多个领域的不同应用，应扩大研究目标对绩效作用影响因素的范围。

因此，对于目标管理在实际生活中的应用而言，仍有很大研究空间。在学校管理、教育活动管理等领域，目标设置理论的应用还未达到有效支持现代人事管理、促进员工绩效、提升教育质量的水平。尤其是一校多区情况下，学校能否灵活制定人员考核标准和绩效标准，利用目标设置理论科学有效地管理教育活动，是十分值得深入探索的课题。

第三节　组织结构设计的相关理论

随着社会的迅速发展，众多领域理论创新均取得较大成果。20 世纪 30 年代前后，现代管理理论发展迅猛，组织结构设计理论也开始朝着新的方向发展，传统的组织结构理论与行为科学组织结构理论实际上都是将组织放在一种封闭环境下，只考虑到组织内部的各种因素，认为一种特定的组织模式可以适应多种场景，以不变应万变，但是实际上企业所处的环境不同，对企业组织结构的要求也是有差异的，企业应当根据不同的环境进行自身结构的优化调整。基于此，现代组织结构理论逐渐发展成熟起来，现代组织结构设计理论强调组织需要在不同环境下做出内部调整，指出组织的结构设计过程理应是一种动态的管理过程。下面将对以上三类组织结构理论的发展做具体的阐述。

一、传统的组织结构设计理论

传统的组织结构理论又被称为古典组织理论，诞生于 19 世纪末，当时西方资本主义大肆发展，随之而来的问题也日益尖锐，工业革命使得大规模工业生产代替了小规模的手工业生产，生产力迅速提升、生产规模扩张迅猛、生产关系逐步复杂化以及科学技术的先进发展跟落后的管理方法形成剧烈的反差等一系列问题的出现，迫切需要新的管理理论，古典管理理论应运而生，并且在后面相当长的一段时间内在组织结构设计理论中占有支配地位。在古典组织理论的开创发展过程中，弗雷德里克·泰勒（Frederick Winslow Taylor）、亨利·法约尔（Henri Fayol）和马克斯·韦伯（Max Weber）等古典理论大师提出的结构理论最具有代表性，为后来的理论学者开创了先河，其中影响最深的理论包括泰勒的科学管理理论、法约尔的行政管理理论和韦伯的官僚行政组织理论。古典管理理论关注的最主要的问题就是生产效率，虽然不同研究者提出的结构设计原则不一致，但是究其根本，都是以提高企业生产效率为目的。古典组织理论关注的要素主要有四个，即分工、等级与职能程序、组织结构以及控制幅度。从这几个要素中不难看出，古典组织理论强调对组织内部科学性、制度性的把控,侧重对静态的组织结构的研究,认为管理结构是具有普适性的,即一种管理结构可适用于不同的场景之中(15,李晓春,1998)。

泰勒的科学管理理论(Taylor's Scientific Management)。泰勒是将科学运用到管理实践的第一人,又被称为"科学管理之父",其编撰的《科学管理原理》一书被认为打开了大工业时代组织设计的大门,其提出的组织理论直至今天仍然具备价值意义。古典组织理论主要研究组织内部的分工、协调、部署等活动,而泰勒的科学管理理论对组织内部的职能分配、制度建设、合理分工具备良好的指导意义。泰勒的科学管理理论影响深远,在长达一个世纪的时间里,许多学者在研究组织结构时,仍有时将企业组织作为一个机械系统看待,研究其内部分工合作等活动,或者将其他学科中的理论(例如物理学中的耗散结构理论)融入科学管理领域,解释员工在组织系统中的管理问题(16,刘艳梅,姜振寰,2003)。

法约尔的行政管理理论(Fayol's Administrative Theory)。法国学者法约尔是古典管理理论的重要奠基人,他继承并发展了泰勒的科学管理理论,他的著作《工业管理与一般管理》中基本包含了古典组织理论的主要内容,他提出的管理五要素影响至今。

韦伯的官僚行政组织理论(Weber's Theory of Bureaucracy)。德国政治经济社会学家韦伯被视为西方最具影响力的社会科学家之一,他的观点集中在其代表作《社会和经济组织理论》一书中,他提出的官僚制理论立足于西方独特的理性主义,论证了官僚制存在的合理性。他的官僚制理论对组织结构理论的丰富和发展具有重要贡献。韦伯提出的"理想的行政组织体系"以"官僚模型"为主体,自上而下分为三个层次,其中顶端是主要负责人,其主要职能就是进行决策;中间层是一般的管理者,其主要职能是贯彻执行上级的决策;最下层是业务人员,其主要职能是从事具体业务工作。官僚制结构下的组织将各项任务合理分配,每位成员均有对应的任务安排,且明文规定每人的权利与义务,实现组织内的高度规范化。古典管理理论中的科学化与规范化影响深远,试图通过严格的规章制度建立一个标准的组织系统,迎合当时的社会化要求。本文第三章中对一校多区组织结构优化的相关实施设计,例如,组织结构的层级、组织结构的扁平化和优化策略,均是基于韦伯的

《社会和经济组织理论》中的层级结构而进行优化，在组织结构的创新性中，对于组织结构重心下移的设想乃是在"理想行政组织体系"观点中的三层结构中进行创新型结构设计。

二、行为科学组织结构设计理论

"二战"后，古典管理理论在组织结构实践中暴露出一系列的缺陷，其中最大的问题就是该理论把组织简单地看作一个机械系统，只对这个机械系统的结构进行研究，而忽略了组织的基本元素——人。因此，50年代起，基于行为的科学组织理论迅速发展，该理论认为不能单一地去关注组织结构，需要重视组织内各个成员的情感需求，不同领域的研究者开始从社会学、心理学、管理科学等角度去进行组织中人的行为特征、行为差异、行为原因等研究，演变到后面基本可以划分为个体、群体及组织行为三个层面（17，薛晴，2001）。不可否认的是，行为科学管理理论对组织结构设计理论起到了巨大的推动作用，对"人"这一要素的考量，解开了长久以来困扰着企业管理者的难题，人作为实践的主体，在组织中起到关键性的作用。在本文第三章的"一校多区"组织结构创新设计，以及第四章的应对措施中，均融入了"以人为本"的组织结构设计思想，对目标设置原则、机构原则中的行为因素进行了定量考量。

三、现代组织结构设计理论

无论是古典的组织结构理论还是行为科学组织结构设计理论，在战后的实践中普遍跟不上企业组织结构变革的需求。如何在短时间内进行企业组织改革，需要从更宏观的角度去考虑组织的结构管理，于是，大部分学者以系统权变理论为现代组织结构理论的起点，将系统结构理论、环境决定变量理论和经济学组织结构理论视为现代组织结构中最具代表性的三大理论，在本文第三章进行的组织结构优化设计中，我们采用组织结构扁平化、开放化设计思想，沿用了经济学组织结构理论中的若干观点，例如，扁平化设计思想源自哈默和钱皮的"企业再造"组织理论，均是来源于经济学组织理论体系架构。因此，在这里仅陈述经济学组织结构理论中的若干人物和观点。

基于经济学的组织结构理论是从经济学的角度来探索组织结构发展的新

趋势。著名经济学家威廉姆森（Oliver Williamson）提出的"新制度经济学"，以经济学为理论基础，涉及企业组织有效分析、企业内部结构优势控制等一系列崭新观点。后来人称之为交易费用理论体系（18，Williamson，1981）。威廉姆森关于企业组织有效性分析的研究被认为是经济学组织结构理论中最具代表性的成就。

90年代中后期，米切尔·哈默和詹姆斯·钱皮（19，1993）提出企业再造概念，通过对公司的流程、组织结构、文化等进行彻底的急剧的重塑，以达到绩效的飞跃。哈默认为，企业再造就是从根本上打破传统的、建立在纵向劳动分工和横向职能分工上的运作体系，提出以新设计和重建的作业程序（流程）作为组织结构基础的组织形式。在此基础上维斯特尼和马林等人总结了管理界对再造后"新组织"的论述，认为"新组织"有网络化、扁平化、灵活化、多元化、全球化等特点。本文即在第三章利用企业再造理论（Re-engineering）中的扁平化设计思想，对一校多区结构中的教育管理组织进行重新设计，以期达到提高教育质量，促进机构内部效率优化的目的。

第三章 一校多区集团化办学实施设想

基于第二章所论述的主要理论，本章将以济宁市东门大街小学的实际发展状况为例，提出针对"一校多区"情况下，运用目标设置原理和方法进行集团化办学的总体性规划，包括组织目标的制定、组织结构的微观调整、组织结构的宏观优化等。

首先，我们对学校管理模式做出如下设想：

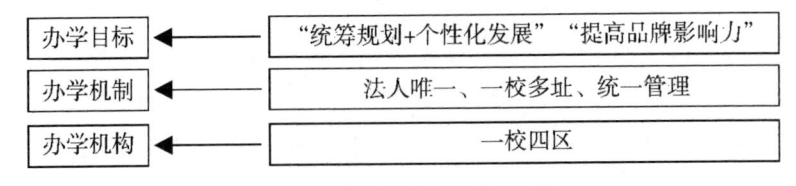

办学目标	←	"统筹规划+个性化发展" "提高品牌影响力"
办学机制	←	法人唯一、一校多址、统一管理
办学机构	←	一校四区

图 3-1 宏观层面管理模式设想

"一校多区"管理模式下校区数量的增加、校区地理位置的分散以及师生来源的差异，使得学校整体管理负荷加剧，因此我们提出"统筹规划+个性化发展"的建设目标，这一目标要求各个校区应该有整体性的任务目标和建校理念，形成集团文化，打造团队价值观。但是，对于单个校区而言，可以根据本部校区（东门校区）特有的办学特色、文化底蕴和优势资源，打造出自己的特色化标签，构建"合而不同"的发展格局。同时，在进行集团化办学过程中，学校"让每一个孩子成为最好的自己"这一办学理念不会改变，我们需要考虑的是，如何在激烈的外部竞争环境下，整体提高四个校区的生源质量、教学质量和社会影响力，以实现学校集团化办学过程中的存中求变、变中求稳的长远发展目标。

明确办学目标后，我们以 SMART 理论以及激励理论作为确定学校管理目标原则的理论基础，提出用于控制目标的"明确性""激励性"和"可测性"三个目标制定原则；基于组织结构理论，提出用于优化管理结构的"创新性"和"开放性"两个目标制定原则。将以上五个目标制定原则应用于具体的管理实践，并从"统一性"和"差异化"两个维度提出措施的主要执行内容，形成本文微观层面的管理模式设想，如下表所示：

表 3-1 微观层面管理模式设想

理论依据	制定原则	实践措施	
		统一性	差异化
目标设置理论	明确性	目标任务统一	短期目标分开落实
	激励性	文化理念统一	奖惩机制特色化
	可测性	量化指标体系统一	教育经费分开使用
组织结构理论	创新性	管理流程基本统一	培养方案因地制宜
	开放性	校区间文化交流 教育资源共享	创建各自办学特色

表中，"明确性"要求办学过程中及时对短期、中长期和年度目标进行规划；"激励性"旨在培养所有参与学校建设的对象的参与感，不仅管理层、教师，学生与学生家长也需要积极参与目标制定活动中，以提高自我效能感；"可测性"要求设定的目标可以衡量和评估。测量指标包括可计量的如学生分数、班级及格率、学校招生人数，不可计量的指标包括教学评估、社会认可度、学校成员参与感和荣誉感等。

组织结构理论指出，组织在不同环境下应及时对自身结构做出优化调整，对组织资源进行合理配置，对组织内部的工作分配、职责划分进行统一布局。

目前，集团化办学常见的组织结构是以从上到下的层级管理作为"条"、以各个校区内部管理作为"块"的条块结合模式为主，在这种模式下，处于信息交流中心的中间管理层的任务十分艰巨且容易出现权力分配不均等问题，基于此，本章第一小节在前人经验的基础上，结合东门大街小学办学模式，提出新的组织框架。

本章第二节和第三节，主要从创新性和开放性两方面对组织结构提出优化：在纵向层次上，将校长、各校区负责人作为决策主体构建理事会，理事会的存在主要进行决策活动且有效避免权力过分集中的问题，校区的教学执行层次以"校区负责人—教研组长—任课老师"三层次为主；在横向层次上，设置五个管理部门，其中各个校区分别建立课程教学部、学生工作部、信息技术部、校务管理部这四个部门，第五个部门即各校区的发展规划部则交给理事会成员进行管理，实现组织内重心下移；在人员配置上，提倡人员流动制度，对校区负责人采取轮换制，对教学团队组织资源进行灵活配置与调整；同时，组织要保持与外界环境的信息交流，根据外界环境的发展与反馈不断做出规划调整，及时更新组织形态和管理模式，同时注重内部管理的差异与融合，保持特色化的同时，借鉴、融合不同校区的优势。

第一节　目标制定的原则

SMART 原则中 S-Specific（具体的），要求制定的目标必须是明确具体的，不能模棱两可。因此，从时间维度出发，我们首先设定宏观的一校多区管理目标：（1）学校整体发展愿景规划；（2）各校区的中长期发展规划；（3）学校整体和各校区的年度发展规划。在宏观目标的基础上，制定可量化的微观激励措施、反馈措施及评估措施。

一、目标的明确性

（一）学校整体发展愿景规划

对于学校而言，全校整体发展愿景规划，可以看作整个集团的发展愿景。以整体发展愿景为指导，能够减少"一校多区"因校区差异带来的目标分散、思想不统一的弊端，会形成独特的校园文化凝聚力，能有效地推进学校的可持续性发展。以东门大街小学的 4 个校区为例，统一办学思想，加强专业化建设，强调学生全面高质量发展，创建"文化共融、资源共享、合作共赢、品牌共创的集团化学校"是宏观总体发展意愿。具体到每一校区的发展意愿，需要因地制宜地根据实际情况来确定。

（二）各校区的中长期发展规划

为解决"一校多区"存在的校区差异，学校需要制订各校区的中长期发展规划。以东门大街小学为例，该学校力图在 4 个校区间实现学生、教师、学校三者的提升，即学生提高学业水平、养成良好习惯、促进德智体美劳全面发展；教师更新教学理念、熟练教学技能、提高综合素质；学校共享教学资源、提高教学质量、增强社会信誉度。

（三）学校整体和各校区的年度发展规划

根据目标设置理论中目标的基本属性 Attainable（可实现的）原则，在"一校多区"中应当根据不同校区间教师、教学环境资源、生源情况等的差异制订适合各个校区的发展计划，不宜过高或过低，学校在付出努力后可以达到。一个科学合理的目标也应当是能够让执行者在一定的期限里完成，这体现了目标的 Time bound（有时限的），所以东门大街小学详细制订了各校区的年度发展计划。同时，也充分考虑了目标的 Measurable（可衡量性），目标是否能够量化或可行为化，衡量目标是否实现的数据或信息可以明确地获得，也是影响目标是否能够实现的关键因素。在实际的年度发展规划中，每年度的目标与工作措施都有所不同，具体如下表所示：

表 3-2　年度发展目标规划

时间	阶段	发展目标
2020.09—2021.07	起步阶段	改造教学环境 强化师资队伍 打造文化特色
2021.09—2022.07	发展阶段	优化组织结构 进一步提高教学质量
2022.09—2023.07	成熟阶段	各校区文化融合 各校区资源优化配置 各校区打造办学特色

该校有三个年度目标。2020年9月到2021年7月是"一校多区"的起步阶段,年度发展规划有:(1)教学环境进一步改善,解决影响学校发展的硬件问题。(2)师资队伍进一步强化,建设一支综合素质过硬的教师队伍。(3)"书香校园"进一步营造,形成师生读书学习的良好氛围。随着第一年教学管理活动的经验积累,2021年9月到2022年7月,执行进一步的年度发展规划。(1)组织结构进一步优化,形成灵活柔性的组织结构管理模式。(2)教育质量进一步提高,促进学生德智体美劳全面发展。有了前两年的年度发展规划的基础,到下一年度增强目标间的Relevant(相关性),朝着学校中长期发展规划迈进,在此基础上,努力实现学校整体发展愿景。2022年9月到2023年7月年度发展规划有:(1)推进各校区间的文化共融,形成统领学校可持续性发展的核心价值观。(2)均衡各校区的资源配置,早日实现创建"学生全面个性发展的成长乐园,教师实现生命价值的精神家园"的学校目标。(3)彰显多校区的办学特色,"一校多区"集团化办学活动成果示范推广。

二、目标的激励性

目标设置理论中,个体目标对个体而言,是一种有效的激励力量,能使个体克服困难达到预期目标,同时,组织目标应当和个体目标相辅相成。因此,在"一校多区"集团化办学中,应当注重学校目标由全体教职工乃至学生家长共同参与制定,使个体在实现自身目标的同时提升自我效能感,最终服务于组织目标,组织目标又能带动个体目标朝着正确的方向前进,实现两者的和谐统一。

(一)共同参与目标制定

共同参与目标的制定要求学校、教师、学生三个主体的相互配合,形成共同参与的激励环境。在此过程中,学校应引导各成员参与组织目标的制定;教师在参与整体目标制定时,需要及时与学校反馈交流,努力将个人的目标融入学校的发展规划中去;学生在参与日常教学活动后,应积极提出意见和期望,并传达给教师和学校。例如,东门大街小学各校区在课程的开发上不平衡,有的校区已经有了成系统的课程体系,而薄弱校区没能清楚地理解课程的定义、作用,更谈不上开发应用。为了实现各校区均衡发展的目标,需要组建特定的课程开发团队。团队的主要组建方式是将不同校区的教师或聘请外部专家聚集在一起完成综合性的集团化办学任务，这种跨职能跨校区的团队，目的是调动各方资源，共同参与目标制定。团队中有经验丰富的东门校区和文体校区课程开发老师，又有运河校区愿意主动学习参与任务的年轻教师，还有创业城校区参与教材美编等。可见，四校区教师团队共同参与教学目标的制定，能有效地消除信息壁垒，使得教师的职业发展规划与学校的长远发展目标相契合。

（二）提升自我效能感

自我效能感是个体对自己是否有能力完成某项任务的主观感受。目标设置的难易程度会影响自我效能感的发展，目标设置难度较大，超过个体的能力和认知范围，个体在多次失败后就会降低其自我效能感，但目标设置难度太小，也难以增强自我效能感。在实现目标的过程中，对于个体的激励情况也会影响到自我效能感的强弱。一方面，对教师进行物质激励提升自我效能感。在"一校多区"的教学管理中，由于地域的分散性和共享教学资源的需要，肯定会有老师跨越不同校区进行教学活动，那么，对这些老师进行交通补贴，对多余的工作量增加薪资报酬等物质激励就显得十分有必要。另一方面，当教师的基本物质需求得到满足后，进一步对教师进行精神激励。例如，我们给开发课程的团队设定如下目标："（1）开发出符合本校实际情况的小学综合实践课程；（2）在开发完成后可申请各级优秀校本团队和优秀个人；（3）根据校本课程的实施情况，学校给予相应的物质奖励。"该目标具体而又有挑战性，从整体上能加快促进薄弱校区的教学成果转化，学校在目标实现后能形成良性的可持续发展，促进教学质量的提高。对年轻教师来说，在目标完成后能丰富工作经验，巩固自我效能感。自我效能感的增强将个体目标与组织发展目标很好地结合在一起，并会促进学校整体发展意愿的早日实现。

三、目标的可测性

目标设置理论认为，在实现目标的过程中，个体会将自己的行为结果与既定目标进行比较，根据获得的反馈进行及时调整，最终实现目标，并对目标的实现情况进行一定的评价。在整个过程中，及时的评估反馈对实现目标有促进作用，在目标实现后，关注目标所带来的相关效益，这些都是目标可测性的主要表现。

（一）及时评估反馈

在单一校区中，实现目标过程中的评估反馈往往是单一的链条式结构，上下层级的关系明显。但在多校区情况下，校区间地理位置分散、职能交叉等因素使评估工作趋于复杂化。基于目标设置理论的 Measurable（可衡量性），东门大街小学宜在实现营造"书香校园"的目标中，在每个班级都建立"图书角"，实行书本互换，实施师生、同伴、亲子共读活动，教师撰写"精品教案""经典感悟"，学校鼓励不同校区间互相组织演讲、写作比赛。这些活动具体而有计划，能够被量化执行。在活动中，更要关注参与方给予的反馈，及时有效的反馈可以产生对目标的导向作用，进而提高教学管理绩效和教学活动效率。在学校的学生成绩上，东门校区明显优于创业城校区，如果按照以往单一的校区教学，肯定要"一刀切"地要求创业城校区采取强硬措施提升成绩，但是学校管理者在反馈过程中发现，创业城校区大部分学生在个人体育方面较强，课外活动丰富。若将两个校区的学生优势结合作为集团化发展战略，会很好地促进两个校区间的融合，做到优势互补。可见，多校区管理中的反馈评估可以有效预防问题出现。

（二）关注相关效益

对于学校的办学意义而言，教书育人是其基本理念，教育是以社会效益为主的公益事业。而校区规模的扩大又带来了各种问题，目标设置理论可从学校、教师、学生三个方面辩证分析"一校多区"所带来的效益矛盾。（1）学校层面：考虑最终实现的目标能否促进学校的中长期发展规划，相融于学校的整体发展。（2）教师层面：考虑多校区跨校时的交通费、原职能外教学任务的增加，以及相应的物质补助，在跨校区的工作中是否能够提高教学水平和积累工作经验等。（3）学生层面：薄弱校区会考虑自己的教学资源是否拓展，优质师资是否引进，教学环境是否改善；而主校区，则会考虑学校资源整合后是否能享受到以往的教学资源。从管理层面上看，应当关注目标是否带来总体效益均衡，包括校区间师生的集体荣誉感获得，校区间协同创新，以及各校区管理模式的创新和优化等。

对于集团化办学的总体效益，可以从产品经营效益和资产经营效益两方面分析（20，全筱筱，2019）：（1）产品经营效益主要是指人才输出情况，可以通过数量与质量两方面来计量，数量方面如每年毕业生人数；质量方面如学生的整体素质、考试成绩等指标。（2）资产经营效益主要是指集团自身的品牌价值，它随着教育行为不断发展延伸，它的衡量指标则是大众对于其教学质量的认可度，并不能进行实际量化。

（三）**具体量化指标**

综合以上，我们提出基于SMART的目标量化标准体系，直观地展示出目标的具体实现方向，期待将其用于学校发展的重点把控。标准针对学校、教师和学生三个对象，每个对象的具体目标逐层量化。同时，遵守目标的明确性、激励性、可测性等原则。

表3-3 集团化办学目标量化指标体系

一级指标	二级指标	三级指标	量化方式
学校发展目标	1.1 集团总体目标	1.1.1 集团品牌影响力	媒体报道次数、线下营销等
		1.1.2 社会认可度	媒体报道次数、质量
		1.1.3 社会服务情况	服务次数、服务对象等
		1.1.4 合作吸引力	投资状况、社会资源联系
		1.1.5 结构优化程度	社会评价
		1.1.6 各校区统筹程度	社会评价
	1.2 各分校区目标	1.2.1 生源吸引力	扩招人数、申请人数等
		1.2.2 学生质量	录取率、竞赛名次等
		1.2.3 优化师资建设队伍	师资学历、师资质量等
		1.2.4 优化基础设施布局	校内评价
		1.2.5 优化激励措施	校、师、生三方评价
		1.2.6 特色化建设	社会评价、家长评价

续表

一级指标	二级指标	三级指标	量化方式
教师发展目标	2.1 教学任务	2.1.1 班级考试成绩	考试成绩
		2.1.2 学生知识接受程度	教师、家长评价
		2.1.3 课堂生动性	学生评价
		2.1.4 续班率	学生评价
		2.1.5 师生沟通频率	学生评价
		2.1.6 家访频率	家长评价
	2.2 教学技能	2.2.1 丰富教学方法	学生、教师共同评价
		2.2.2 教学获奖情况	获奖情况
		2.2.3 进修	教师进修次数
	2.3 教学素养	2.3.1 基本礼仪举止	学生评价
		2.3.2 备课情况	学生评价
		2.3.3 阶段性定位	学校、学生评价
学生发展目标	3.1 学习状况	3.1.1 考试成绩	考试成绩
		3.1.2 作业完成情况	教师评价
		3.1.3 课堂表现	教师评价
		3.1.4 各类竞赛参与情况	教师评价
	3.2 身体素质	3.2.1 早中操出勤率	教师评价
		3.2.2 体育课表现情况	教师评价
		3.2.3 日常锻炼频率	教师评价
		3.2.4 健康饮食	学校、学生、家长评价
	3.3 心理素质	3.3.1 心理测评与辅导	学生、家长评价
		3.3.2 师生活动参与度	教师、学生评价
		3.3.3 亲子活动参与度	学生、家长评价

　　该量化指标体系设置了3个一级指标，8个二级指标和35个三级指标来保证目标的明确性。评价方则包含社会、学校、校区、教师、学生和家长六个方面。

从学校目标来看，目标量化较为宏观，更多的是进行整体性评测，主要关注社会认可度以及整体效益等方面；对于各个分校区而言，将目标放在学校招生人数、生源吸引率、优秀教师数量等方面，同时可以向社会征求评价，包括对学校环境、教学制度、学习氛围、基础设施布局等进行评价。

从教师目标来看，主要从教师自身的任务、技能及素养，班级学习成绩进行量化。为了保证集团的发展，教师需要付出努力留住本班学生和吸引外校学生，保证续班率和家长沟通频率；教师自身的技能素养也可以做出目标规划，在保证自身专业技能的同时进修其他的知识以丰富自己的知识面，规范自身行为举止和自身形象，全方位提升师德师能等。

从学生目标来看，学生的学习质量是衡量学校教学能力最直观的指标，因此学校要把提高学生的学习质量作为首要任务，学生学习质量可以从学习成绩、作业完成情况、课堂表现、学习态度等这些指标进行衡量评估，并且提出自己后期的目标展望；学校在注重学习成绩的同时也要保证学生们的身心健康，学生可以对自身身体素质和心理素质的培训进行目标制定，按时参加各种锻炼、合理饮食、积极参加团建活动与师生父母进行身心交流、积极进行心理辅导等。学校只有获得学生的认可，才能进一步获得家长和社会的认可。

本文目标量化指标细分到35个，体现出目标制定原则中的明确性，即各个目标是清晰唯一的，对象不同目标也有差异；同时各校区的激励机制遵循目标原则中的激励性，对完成目标情况较好的教师、学生们采取奖励机制，激发他们内在的积极性和对学校的归属感，保证教师、学生这些个体的发展目标与学校总体发展目标融合统一。最后，本文也考虑到目标必须具有可测性，对指标进行量化，就是为了实现目标制定的直观性、明确性，以上指标均可采取数值或评价的方式进行测定，及时做出评估反馈。

第二节 组织结构的创新性

传统的学校管理理念延续了一般政府管理的思想，最终容易导致学校管理专业化程度低、管理行政化严重等问题。虽然不能忽视学校是政府设立的社会教育机构这一特殊性，但管理者不能一味照搬该领域的做法，应该根据学校组织及其成员的特点对组织结构和管理制度进行创新。

对于"多校区"情况而言，由于地域跨度大，管理者难以对所有校区的教学资源和员工实施统一管理，组织内部沟通的效果也因此较差，管理者在执行各项决策过程中容易受到外界因素的干扰，出现任务传达不到位、目标不明确、职能划分混乱等问题。为了能够缓解学校管理的压力，优化多校区的资源配置，推进教育创新，本小节基于系统权变组织结构理论中的领导行为连续体理论以及环境决定组织结构理论中的资源依赖理论，借鉴企业再造理论中扁平化管理的做法，从组织结构重心下移以及组织结构灵活配置两个角度，参考已有设计（21，何学锋，2015），绘制出学校组织结构框架，并在下文中对"一校多区"学校建设改革方案进行详细说明。首先我们提出适用于东门大街小学"一校四区"情况下的组织结构框架图，随后我们针对该组织结构，提出组织结构重心下移、组织结构灵活配置等组织结构优化策略。

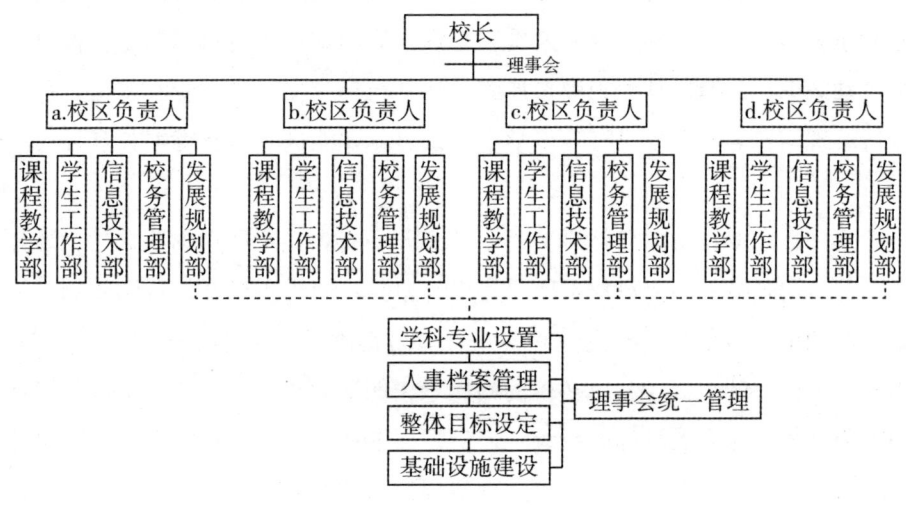

图 3-2 "一校四区"组织结构框架图

一、组织结构重心下移

组织管理者是一个组织中的核心，他的行为、决策会对整个组织产生影响，而他的行为力度和行为准则又取决于他所采取的领导方式。因此，领导者在设计组织结构时经常会因为"集权还是分权"的问题产生困扰，罗伯特·坦南鲍姆（Robert Tannenbaum）和沃伦·施米特（Warren Schmidt）提出的领导行为连续体理论则为此问题提供了解决思路。他们认为采取哪种领导方式，给予下属多少权力参与决策由多种因素决定，他们提出七种领导方式：（1）领导做出决策并宣布实施；（2）领导者说服下属执行决策；（3）领导者提出计划并征求下属的意见；（4）领导者提出可修改的计划；（5）领导者提出问题，征求建议做决策；（6）领导者界定问题范围，集体做出决策；（7）领导者允许下属在上司规定的范围内发挥作用（22，胡永嘉，2015）。

通过调研发现，许多学校在长期运行过程中，都存在组织内部权力过分集中的现象，大部分领导者都会采用上述理论中的第一种领导方式，即学校的决策和管理权取决于学校的校长和高层管理者，下层员工只能够按照上级下达的指令行事。但是，在实际操作中仍然避免不了权责划分不清，下级缺乏自主权和创造性等问题。同时，管理者在拥有巨大决策权的同时也要承担巨大的责任，而下级既没有权力也无须承担责任，容易导致行动力的缺乏。因此，为了能够改善权力过度集中现象，我们在考虑到集团化办学特点的基础上，引入领导行为连续体理论中的第六种领导方式："领导者界定问题范围，集体做出决策"，通过组织结构重心下移的方式来改变组织的权力结构。将校长的权力下放至各个校区的负责人，让分校区成为学校管理的主体，充分发挥各校区自主办学和管理优势，对促进基层教育创新、优化教育资源配置、提高整体管理效能都有非常重要的实践意义。

具体来说，实现管理重心下移首先需要满足下列三项条件：第一，措施必须符合政府相关指导性文件。第二，保证校区管理者的权责分明。对各校区管理者的权责进行清晰明确的划分，校长有宏观管理权，指导整体性发展规划，而各个校区负责人才是各校区发展规划的主体。第三，始终以提高教学质量为首要目标。在遵循以上原则的基础上，才能实施扁平化管理，建立问责和监督机制来保证组织重心的科学下移。

（一）实施扁平化管理

米切尔·哈默和詹姆斯·钱皮提出的流程再造理论掀起了企业再造运动的浪潮，二人在其著作中将企业再造定义为：对企业现有业务流程经根本思考和彻底设计，使得企业在企业绩效的关键指标上取得显著性的提高（见

19)。企业再造的基本特征之一就是组织扁平化，即组织内部不再是单纯纵向上的科层式结构，而是通过建立组织员工间的横向交流，将原来只存在的上下级关系变成纵横交错的平等关系，从而消除部门间的隔阂，提高沟通效率（23，林志扬，林泉，2008）。

在学校组织内部，扁平式组织结构和层级式组织结构是相互协调、相辅相成的，两者并不是简单的对立关系，完全摒弃传统的科层式，可能会使组织丧失组织纪律，降低工作效率，扁平化实际上是在层级制的基础上对同级部门之间的关系进行优化，从而改善学校管理行政化严重、组织内部缺乏沟通的问题。我国中小学一般采用苏联的金字塔式管理模式，其主要特点是管理层级较多，组织纵向分布多为"校长—副校长—中层主任—副主任—年级主任—教研组组长—任课老师"，有效信息在组织内难以快速流通，上级无法实施决策，下级无法自主创新，最终形成教师应付主任，主任应付校长的尴尬局面。近些年，随着中小学办学规模的扩大，传统的金字塔式管理已经严重阻碍了学校的发展，扁平化管理则成为众多学校的新选择。

扁平化管理具体的实施策略是：学校管理层由理事会替代原先唯一的校长履行职责，该理事会由学校的校长和各校区的负责人组成。对于学校整体的规划，校长不再具有一票通过权，而是由各位成员通过民主投票的方式共同商议表决。同时，校长将日常教学管理和资源分配的权力移交给校区负责人，他们享有教学、科研、经费收支、奖酬分配等方面的权力，校区负责人可以根据自己负责的校区的特殊情况来安排本校区的日常教学活动、后勤保障等工作，并为理事会的决策提供实践依据。在建立理事会的基础上，将各个校区的纵向结构缩减为"校区负责人—部门主任—部门员工"三级结构，各部门主任直接向校区负责人汇报本部门的工作情况，并且和负责人共同管理整个部门的员工。将传统的多层结构简化成三层，不仅方便任务的下达，也为基层员工反馈意见提供便利条件。

扁平化管理在组织结构优化过程中重点可以解决传统学校管理中的三个问题（24，邓志文，2008）：（1）减轻了校长的负担。校长可以从烦琐的日常管理工作中解脱出来，去思考学校整体发展的重大问题。（2）赋能中间管理层。各校区管理者的管理意愿被激发后，能够自发地带动下层职工参与学校管理和教学活动。(3) 激发基层教师的创造性和积极性，教师更加愿意投身到教学实践和创新中。工作流程的简化还会使信息沟通更加畅通，目标更容易传达给底层执行者，同时，增加沟通可以促进上下级间的相互理解、相互协调，使校区之间协作的氛围更加融洽。

(二) 建立问责和监督机制

组织重心的下移使各校区实际成为独立办学的实体，拥有了更多的行政权力，此时如果不对权力拥有者加以监督，可能会造成管理者权力失控、决策失误等管理事故。这就需要进一步明确各级管理的责、权、利关系，充分发挥学校的监管作用。因此，需要建立科学的问责制度来约束、规范中间管理者的行为。具体来说，就是明确失职行为惩罚，对行为者追究责任，这样能在赋予校区管理者权力的同时将其职责限制在合理的范围内。

除了事后问责以外，还可以通过建立评价、监督体系来监管各级管理者的日常行为，提前预防事故的发生。学校理事会可以量化责任目标，通过明确阶段任务的形式，制定出每学年各阶段的考核评价指标。以东门大街小学为例，在开学初期，理事会应当根据分校区所在地适龄人口数量、政府和民众对教育的重视程度来制订招生计划，确定目标招生人数以及招生范围，然后将该计划交给校区负责人来执行。在学期中，可以通过班级学情调查来检测年级主任的管理力度是否达到标准，对校区负责人则从整个校区教学活动开展的频率、财政开支、校园事故发生次数等角度量化评价其工作的质量。另外，还应该加强各级组织的民主监督，鼓励师生参与决策，为学校发展贡献自己的智慧。学期末，让学生参与到教师教学评价的工作中来，通过调查教师上课的创新度、班级活跃度、期末考试成绩等指标来评价其教学工作是否达标，也可以通过教师互评的方式反映出一个老师的基本情况。评价标准不仅是管理者评判成员工作能力的依据，还是在组织内部引入竞争机制的关键，组织可以借助指标的量化结果形成部门与部门之间、校区与校区之间、教师与教师之间的良性竞争，通过各种渠道激发校内各个校区的积极性和创造性。

二、组织结构灵活配置

现代组织行为学将组织视为一个开放系统而不是封闭系统模式。资源依赖理论强调了环境对组织的作用。费佛尔（Jeffrey Pfeffer）和萨兰奇科（Gerald Salancik）两位学者还提出，组织为了生存与外部环境互动，组织生存实际上是建立在一个组织维系与其他组织关系的基础之上，并且组织之间是可以相互依赖的（25，马迎贤，2005）。一句话，组织需要依赖外部环境，而内部组织之间相互依存。对于多校区的学校组织而言，为实现集团化办学目标，各校区不仅要依赖外部社会环境，更多的是通过与其他校区的交流来获取信息和资源，管理者不仅要考虑到各校区组织内部结构的优化，还要重视协调不同校区间的关系。为此，我们提出组织机构灵活配置这一目标，试图通过科学的管理措施来管控组织与组织的关系，加强不同校区间的交流合作，整体提升学校办学质量。

组织结构灵活配置主要体现在组织中物质和人力资源的整体规划和灵活配置上。目前，我国的多校区办学正处于前期探索时期，虽然有许多学校已采取"条块结合"的管理模式，但还是停留在简单地依据各个校区大致情况来制订本校区发展计划的阶段，忽略了各个校区在办学规模、运行模式等各个方面的复杂性，从而导致在实际运作过程中，出现某校区师资力量薄弱、教学条件较差、办学特色不鲜明、各校区办学水平不协调等问题。想要改变这一现状，学校管理者必须在"条块结合"的基础上，创新组织管理模式，坚持"整体规划、分工负责、校区融合"三项原则（26，王志宏，2017）。第一，整体规划。在尊重各校区特殊办学需求的前提下，由学校理事会对各校区的整体发展方向、师资配置、办学水平进行统一的规划，管理层必须对每一个校区都一视同仁，将所有分校视作一个完整的主体，要树立起整体性、全局性的管理理念。第二，分工负责。充分发挥"块式管理"的优势，由校区负责人带领各部门专家分工、分责，共同完成各校区的办学任务。第三，校区融合。即进一步推进校区间的学术交流、人员互动、资源共享。

以东门大街小学的4个分校区为例，由于文体校区、创业城校区、运河校区三个校区建校时间较晚，管理和教学经验相对不足，管理层还不适应学校制定的规则和发展目标，在人员配置、组织规划等方面还存在管理漏洞，可能使得该校区的教学资源和教学水平落后于东门校区。那么，学校理事会就需要针对这一问题实施统一管理，通过调配东门校区的管理、师资力量，

一、适美治理篇

教学设备或者从外部聘请临时专家、重新购买教学器材的方式，为三个新校区的建设提供帮助，尽量使其他三个新校区在基础条件上与东门校区保持一致，这样也有利于学校总体规划的实施与实现。同时，还要加强原本校区与其他三个新校区间的学习、交流，使所有校区相互学习，共同进步，具体措施如下：

（一）线上与线下教学相结合

传统的课堂采用现场教学模式，它要求老师在固定的教室、固定的时间段实施教学，不会因为某个学生缺课或者没有跟上课程进度而停止，对学生的学习能力、教师的临场发挥都有很高的要求。这种线下教学模式的优势在于师生能够面对面交流，教师及时获得学生的反馈后为学生解答疑惑，但是由于模式的不灵活性，课堂教学过于死板，无法开展个性化教学，学生不能根据自己的实际情况有针对性地制订学习计划，只能服从整体教学安排。同时，由于一校多区的特殊性，各个校区教学资源存在较大差异，师资力量较弱的校区无法为学生提供最优质的教学服务，也就无法实现提升教学质量的整体目标。而线上教学恰好可以解决这些问题，它打破了时间、地理因素的限制，只需召集教学能力强的教师组成线上教学团队，分年级、分学科录制教学视频，再利用互联网将其传到校园网络平台，就能让不同校区、不同班级的学生在接受线下教育之余，灵活性地观看教学视频，感受不同的教学模式，共享优质的教学资源。

线上教学的基础与核心是教学资源，除网络课程外，与课程相关的课件、教材、图书文献、作业习题也是教学资源建设的重要内容。如果将这些线下的文本信息、多媒体数据进行系统的分类、整合，并以电子化的形式存储在教学平台的数据库中，充分发挥网络教育的优势，从教师的角度来看，可以减少教师的重复劳动，激发教师工作的积极性和创造力，从学生的角度来看则是给学生提供更多学习渠道，满足不同学生的需求，进一步实现资源的共享和利用。

（二）实行流动教学管理模式

流动教学管理分为教师团队的流动教学和校区负责人的流动管理。教师工作团队的流动是指团队化的工作模式，即掌握不同学科教学和科研技能的教师为解决共同的教学问题组建成一个教学团队，在其他校区需要援助的时候去往该校区辅助教学,在任务完成后各个教师又各自回到自己所在校区的工作岗位。团队化的运作方式能够充分利用组织资源,适应市场变化的需求,在最短时间内组建出完整的工作团队,同时又能够快速地解散然后重组。相比于相对固定的部门结构,团队活动更加灵活,在处理学校日常事务中反应更为迅速且针对性更强。

校区负责人流动指校区负责人的岗位轮换制。校区负责人在某一分校区任职较长一段时间后,对于该校区的情况了解透彻,各部门安排妥当,学校基本情况稳定,组织结构会处于相对停滞的状态,这使得管理者的工作缺乏挑战性与工作激情,效率自然就会降低,而且其任职期间遗留的管理难题也找不到解决的新思路。在这时将其调往另一校区的相同岗位,既可以避免由于在一处掌握较大权力导致一手遮天、滥用职权的问题,也可为组织注入活力,使组织始终维持在兴奋状态,提高工作效率,为上任管理者遗留的管理漏洞寻找新的解决办法。

(三) 加强校区间合作交流互动

校园建设不仅要依靠课堂教学的支撑,也要充分利用课堂之外的各个环节。对学校管理层而言,校区负责人是各个校区运行的关键,各校区负责人可借助高层管理会议与其他校区的负责人交流,分享管理经验,同时可以了解对方的管理现状,并从中获得启发。对教师团体而言,他们是教学工作的主体,因此必须重视教学教研交流。校长应该结合各校区的实际情况统筹规划,通过组织讲座、经验交流分享会等线下交流活动的形式,将表现突出的教师请到某一个师资水平较弱的校区分享教学经验,或者安排新职员到教学经验丰富的教师课堂听课,在现场通过面对面的交流学习,能够推动各校区教学模式的融合,缩小因地域不同而导致认知上的差异,同时还能够提高教师们的教学水平。在学生层面上,则可以通过开展社团活动、校园开放日、运动会、知识竞赛等课外活动吸引具有相似兴趣爱好的学生,充分调动学生的积极性,在丰富课余生活的同时学习知识、开阔眼界、加强与不同校区学生之间的了解。

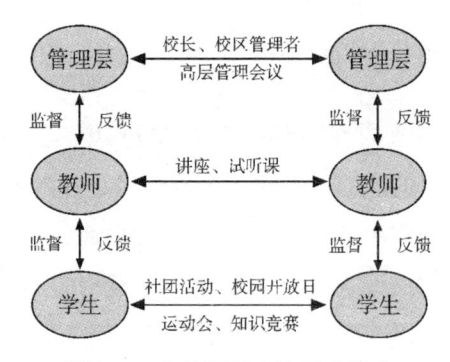

图 3-3 各校区间交流互动模式

第三节 组织结构的开放性

在过去，我国学校的组织结构设计理论一直采用传统的古典组织理论，即在既定的组织规模下，通过建立严格的多层级等级制度，由最高层领导整体，下级服从上级管理，组织内部职能划分清晰的组织形态，是一种传统的刚性组织结构。传统的古典管理理论的优点是专业分工明确，组织管理制度化，因此对提升组织运行效率有一定帮助。但是这种设计理论也存在许多局限性，不难发现，虽然传统的组织结构完整，管理严格，能够实施有效的管理，但在社会市场变化无常的当下，仍然无法避免管理僵化的问题。

现代组织结构设计理论提倡组织结构的开放性，即管理应由以往的封闭状态向开放状态转化，由静态结构转向动态结构。在这里，我们基于第二章提到的组织结构设计理论，创新性地认为一校多区组织结构的开放性也体现在组织结构趋于柔性化、远离平衡态等方面，以适应一校多区改革和发展的要求。

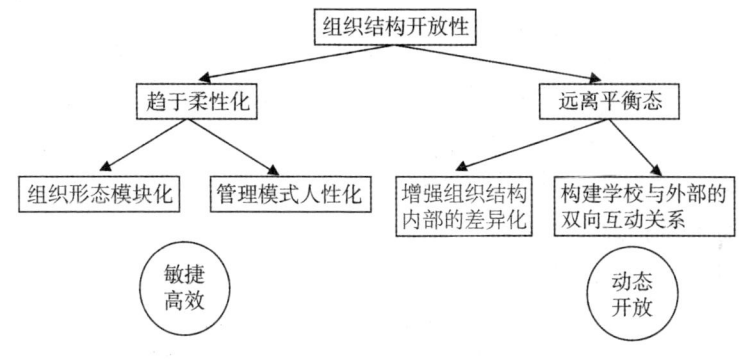

图 3-4 组织结构开放性的表现

一、组织结构趋于柔性化

Mandelbaum 曾提到在柔性制造系统（FMS）中，柔性是生产系统适应变化的环境所带来不稳定的能力。柔性意味着组织对外界环境的变化足够敏感，能够为适应环境快速制定出新的调整措施，及时满足组织内部发展和外界的需求。所以，柔性是解决传统的组织结构设计理论的不足而产生的一种组织发展新趋势。在一校多区实践中，组织结构柔性化主要体现在以下两个方面。

（一）组织形态模块化

美国斯坦福大学经济学家青木昌彦将"模块化"定义为半自律性的子系统，这些子系统与其他相似的子系统产生联系，并按照一定的方式组合后构成新的更为复杂的结构。模块化组织（Modular Organization）作为产业分工中出现的一种新型组织形态，与传统的科层制组织形态有很大区别，组织生产不再是由整个企业统一执行，而是由模块化组织内部的成员共同完成。模块化组织形态也不是一成不变的，而是要求随着市场的变化而变化，每一个模块都需要直接对市场需求的变化做出反应，不仅仅等待高层管理者下达命令。这种组织形态最大的优点就是可以对市场变化及时做出回应，针对性强（27，罗珉，2005）。实现组织模块化具体表现是为了适应快速变化的外部环境，打破组织间的边界感，采取多种形式的团队合作。

组织形态模块化强调组织模块间的灵活性。例如，面对多个校区带来的繁杂的管理任务，学校可以聘请或委托专业的第三方教育管理机构来进行管理，既能使学校各区管理者专注投入于校区的教学教研活动，又能够保证教育集团经营管理更加科学高效；为了迎接教育部对学校的办学水平评估，一些学校成立专门负责处理评估方面工作的评估工作小组；很多学校为了落实新冠肺炎的预防宣传工作，成立了校园医学保健工作小组；为了加强与社会的联系，很多校区成立了家委会，等等。在一校多区的资源共享中，也需构建柔性化的校区组织运行机制。

（二）管理模式人性化

人性化的管理模式沿袭行为科学组织结构设计理论的思想，强调"以人为本"，管理者要用柔性的方式去开发和管理人力资源。在顺应环境变化的同时，还要以满足教师的基本需求为出发点，提高教师对组织的忠诚度和工作积极性，充分发挥基层员工的主观能动性，为学校的创新与发展添砖加瓦（28，郭必裕，2006）。

传统的古典组织结构是单纯的自上而下层层传达指令的沟通方式，虽然有着明确的责任分工、周密的计划方案等，但过度科学化，忽略了人本管理的柔性化。梅奥的人际关系理论中提到组织内部除了有层级分明的正式组织外，还存在包括不可忽视的员工之间的情感、兴趣、价值观等因素的非正式组织。麦格雷戈的Y理论以"人性本善"为前提，倡导管理者需要充分尊重每个员工的个性化需求，让员工有荣誉感、使命感、归属感，方能够更好地激励员工为组织贡献出自己的力量。实现人性化管理的前提是实现组织结构的扁平化，扁平化是就组织结构的纵向结构而言的。扁平式组织结构删去了组织的中间管理者，管理层次减少，组织管理幅度扩大，学校的高层管理者可以直接与教师进行双向沟通。一方面，有利于学校管理者了解教师的个人需求、情感和建议，有效解决个人要求无法满足而导致的员工积极性不足、教学效果差等问题。另一方面，决策者快速掌握学校运行的基本情况，为学校未来发展规划提供及时有效的信息。中间管理者的筛减，可能会导致出现高层管理者直接管理下层员工的情况，但由于管理者精力有限，无法对所有员工实施最有效的管理，因此，扁平化的组织机构还非常强调底层员工的自主管理，以及员工之间的沟通。教师作为学校中的主力，其教学、科研水平将直接影响到学校整体的发展，而人性化的管理模式可以使教师拥有充分的自由来开展教学或科研活动，各个教师还可以针对不同的学生群体采取"因材施教"的教育方式。

组织结构柔性化弥补了传统的古典组织结构设计的不足，根据行为科学组织结构设计理论，更加彰显了它在一校多区中的组织结构的适用性。(1) 能有效整合各校区的内外部资源，使资源得到充分利用和共享。学校各个部门员工在完成各自部门工作的基础上，将外部人员和活动纳入内部计划之中，加强了与其他部门，以及组织外部环境的沟通。学校既注重内部资源的整合，还考虑到外部环境中资源的重要性。(2) 有利于提高教学活动效率。团队化的运作方式能够充分利用组织资源，适应市场变化的需求，在最短时间内组建出完整的工作团队，同时又能够快速地解散然后重组。相比于相对固定的部门结构，团队活动更加灵活，在处理学校日常事务中反应更为迅速

（29，张水玲，2008）。（3）有利于学校管理的民主化。学校领导层在教职工中更具亲和力、感召力，使得每个教职工都能发自内心自觉、自愿通过自己的工作与奉献促进学校的发展。

二、组织结构远离平衡态

我们结合行为科学组织结构设计理论和经济学组织结构设计理论，参考耗散结构理论的"远离平衡态"思想，提出适用于一校多区组织结构的设计思路，它包含物理化学家普利高津（Prigogine）在耗散结构理论中提出的"远离平衡态"思想：平衡态是指系统各处物质均匀存在的一种状态，这种状态线性均匀没有熵，没有外部物质交换，因此系统不会自我更新。而远离平衡态存在于一个非线性的开放系统，通过与外界不断进行物质交换，外部条件变化达到一定阈值时，系统产生非平衡相变，达到更高一层的宏观有序性。耗散结构理论一直广泛运用于管理领域，一校多区的集团化管理中也满足形成耗散结构的前提条件：（1）组织是远离平衡态的开放系统。在各个不同校区，校区管理者、教师、学生等多种角色，这些成员在很多方面都存在差异，这些差异不断偏离平均值就使得系统处于远离平衡态的状态之中。（2）系统各要素存在非线性关系。管理者领导教师，教师管理学生，同时学生的学习情况也会影响教师的教学计划，教师的反馈会改变管理者的决策，每个成员之间相互影响、相互制约，构成了非线性的关系结构。（3）与外部环境进行交换。学校的发展规划并不是按照固定轨迹去描绘的一张蓝图，而是在实际中不断变化着的，只有当外部环境所带来的知识、信息、技术等要素对学校内部输入达到一定阈值时，学校内部才会形成实质性的有序结构。（30，任佩瑜，宋勇，张莉，2000）。因此，从耗散理论出发来看学校系统的组织，就要使学校组织结构处于一个非线性的开放系统，这样，组织总能从一种无序的状态转变为有序的状态，保持结构稳定的同时又不缺失激励和发展的动因。同时，学校要想保持系统开放性，可从增强组织结构内部的差异化、构建学校与外部的双向互动关系两个方面来实施：保持与外界的沟通，避免系统长期处于一种平衡态，让学校这个系统处于一种动态的有序状态（31，姜云飞，聂荣鑫，2004）。

（一）增强组织结构内部的差异化

组织结构内部的差异化，不仅是以往体系严密的科层组织要远离平衡态，还要学校内部组织的各成员不断进行批判性学习，持续不断地进行创新和探索。远离平衡态指构成系统的要素由于在物质、能量分布上的不均匀，保持着差异状态，最终形成有序的一种稳定状态。"只有当系统远离平衡态时，才有可能通过涨落或突变进入一个新的稳定有序状态，从而形成新的稳定有序结构。"

一校多区使得集团成为一个复杂系统，它的复杂性体现在校区内部各构成要素不均匀而纷繁变化，还体现在与校区相关的外部环境的自我运动状态的复杂多变上。学校成员在新的校园氛围，如特色建筑、教学活动设施、校园环境等自然人文景观上会产生陌生感，以及强校、薄弱学校的师生存在着不同心理反应、人际关系的不适应性，来自不同校区的成员基于原来的生活环境、方式在认知、个人需要、学习的能力上存在着很大的不同。这种集团化办学系统本身的复杂特征具有远离平衡态的良好基础。

在学校的内部组织管理中，各校区的教职工、学生个性和能力是有差异的，这种差异的存在偏离了平均值，进而远离了平衡态。根据马斯洛的需求层次理论，激励能满足教师们的生理需要乃至更高层次的自我实现需要，若再考虑教师间的差异进行相应的奖励，效果会更好。例如在奖励策略中，管理者会根据教师在跨校区的实际工作情况而进行不同的奖励，这种有区别的奖励能够激起教师的进取心和工作的积极性。而如果忽视了工作上的差异，给每个教师同样的薪资，就会形成吃大锅饭的现象，学校工作管理也会陷入一种僵死的平衡态，不能充分调动教师工作的积极性。同时，不同教师间存在的差异还能促进良性的竞争，使他们向着有秩序的方向转化，在某种程度上调动知识源泉的充分涌动，促进教学的创新、优化。学校内部组织的开放还在于各成员的交流、沟通，促进学校内部系统的创新，使学校持续运行。沟通是个体或团体分享自己的观点和感受来交换信息的动态过程。学校各区的教师之间、师生之间和学生之间在沟通互动中产生共同的理解，使信息转化为知识和智慧，学校内部的资源也因各成员方良性友好的沟通得以创新和丰富。一校多区因地理位置上的分散会产生信息不对称的现象，就需要各校区间通过研讨、合作交流和教学等方式形成共识，达到信息的成功沟通和人际的协调。学校内部正式组织的领导与灵活柔性的团队型的分散领导共同发挥作用推进学校的发展。因此，学校在内部管理上既要注重内部考核绩效等规章制度上的开放，又要关注各成员方的沟通、交流，尽量保障从宏观乃至微观层面上的远离平衡态，避免长期处在单调的平衡态，使学校的组织结构保持灵活的、可动态重组的状态。

（二）构建学校与外部的双向互动关系

在现代组织结构理论中，对结构的研究不单单停留在组织的内部结构上，而是将组织内部、外部整个大的环境框架作为研究对象，从多角度多层次来研究组织结构，以期获得更高效率。一校多区中，集团化办学的特点要求学校必须是与外部环境灵活适应和互动的开放系统。在耗散结构理论中提到，外部环境对组织内部进行输入达到一定阈值，内部系统才会远离平衡态从而形成更有序的结构。换言之，在学校维持基本的运行状态时，学校内部应该与外部保持涉及教育教学所需的物质、信息、能量的输入和输出，来促使学校内部组织完成从有序到无序再到更有序的转变。若集团化办学要追求更可持续和深层次的发展，在与外部的基本互动上还需要外界更为具体的支持方案和技术支持。集团化办学由于其本身的复杂性和面对探索上的各种不确定性，当学校内部组织成员不知道当前问题处于何种形态，该采取什么措施来促进学校稳定、持续地发展时，可向外部环境寻求具体合理的指导，从而激发内部成员继续参与学校发展的活力、热情与信心。系统权变组织结构理论中，劳伦斯、洛希等提出的因地因时制宜、采取与环境变化相适宜的管理措施等观点，美国心理学家和管理学家弗雷德·费德勒提出的"权变领导模型"认为组织管理者需要根据其自身个性特点和组织所处的环境采取不同的领导方式。我们将以上观点投射到一校多区管理实践中学校对于外部环境变化的认知与对应策略上，总结形成学校与外部环境之间的"双向互动模式"，如下图所示：

"双向互动模式"中，各校区间的合作联盟、咨询外部专业的教育管理团队，构建与社区的双向互动。主要表现在：学校作为拥有专业的教师队伍、完善的教学资源、丰富的教育经验的综合平台，在不影响自身教学活动的同时，它的体育馆、图书馆、实验室等设施、场地可以定期有序向社区、家长开放；在社区工作中，学校可以组织学生到社区进行专题讲座、做志愿咨询服务、举办各种文艺表演活动等。一方面，这种模式可以丰富学生的课外实践活动，增强学生们的动手能力，另一方面，也促进了社区教育工作的发展。

一、适美治理篇

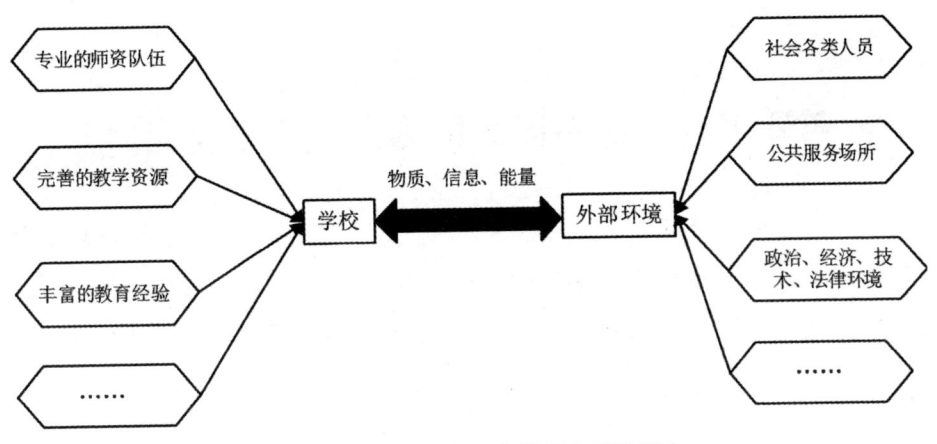

图 3-5　学校与外部环境的双向互动模式

同样，社区拥有的社会资源也会助力于学校的发展。学校可以邀请有技能的学生家长、各领域的专业人才、社区成员来学校开展相关学习讲座，充实学校的教学力量；在学校的决策会议中听取社会人员、社区代表、家长代表的意见，拓宽学校的决策视角；组织学生参观博物馆、图书馆、科技馆等各类社会公共场所，使学校课堂向校外延伸拓展。可见，根据耗散结构理论，学校通过将产生负熵因素，如来自外部的新专业人才、新知识的获取、新技术的引进、新制度的执行等引入系统中，使得学校成为一个动态的开放组织系统。

平衡结构是刻板的，难以自我更新的。而在优化后的一校多区管理实践中，管理将不再是不断发现棘手的问题然后解决之，而是在组织内外部的协调过程中，持续不断地创造出新的、有效的策略去提前化解这些问题。

正如环境决定组织结构理论中的资源依赖理论认为的那样：组织运行过程中涉及的因素不能完全通过组织内部获得。也就是说，组织对外界环境的资源具有一定的依赖性，在发展过程中，组织需要主动吸取外部环境的资源以实现内部结构的优化与调整，以更加开放与灵活的姿态和外界保持密切联系，使学校、教职工、学生持续创新，利用学校内外部资源实现个人和团队的最优化效益，进而推动学校集团化办学可持续性发展。

第四章 一校多区集团化办学问题及应对

本文第三章以济宁市东门大街小学集团化办学现状为基础，从目标制定与结构优化两个层面对一校多区集团化学校的管理提出新的实践设想。然而在具体实施的过程中，集团化办学仍然面临着其他亟待解决的问题，本章将指出相关问题并提出对应的解决措施。

第一节 惯性思维与个人惰性的克服

惯性思维往往是由于经验主义的原因，个体从先前的活动中汲取知识、经验和教训，并通过反复使用这类知识从而形成一种模式化、流程化的思维模式。在环境稳定的情境下，惯性思维处理问题往往具有效率，但是一旦情境发生变化，会严重阻碍新的思维方式的产生（32，章志光，1984）。在多校区集团化办学模式下，由于其办学模式与传统单校区办学有很大不同，校区领导一旦采用惯性思维生搬硬套传统的管理模式与管理手段，容易导致学校整体发展受阻。对于教师而言，惯性思维会指导着他们进行按部就班、毫无创新特色的教学，而实际上，由于社会发展迅速，学生思维方式和学习手段更迭速度极快，教师采取其一贯的教学方式很难吸引学生的注意力，教学效率也难以得到提高。在变化迅速的社会环境中，惯性思维的弊端明显，严重阻碍了思维创新、能力创新和组织创新。

同时，个人的惰性思维也是集团化办学过程中亟须克服的问题，惰性往往体现在对于既定的目标任务，个人产生的消极、动力不足等现象。在第三章中，笔者提倡组织内领导者、教师、学生等共同参与组织目标的制定中，而一旦个人产生惰性思维，对目标和任务缺乏主动性、积极性，不但会影响组织整体的发展进程，也会导致其他组织成员产生惰性，整个组织内部会逐渐出现懒散的风气，则组织内部的目标形同虚设，组织也难以长远发展。

基于以上问题，结合本文应用的理论原则，笔者提出如下措施：

首先，加强组织间横向与纵向双方向的交流和学习。在组织结构优化的设想部分，本文提出实行扁平化管理，提高沟通效率，可有效避免因个人惯性思维导致决策失误的情况出现。惯性思维的弊端是由于个人经验有限所导致，而通过组织内部同级之间或上下级之间的学习交流，组织内出现不同的声音，组织成员一方面会审视自己由惯性思维滋生出来的想法，另一方面根据自身经验对他人的意见进行评价和补充，可有效实现决策优化。

其次，注重组织内部交流的同时，也需要积极与外部环境做信息交流。组织不能采取封闭式管理，要重视组织内部成员的外出学习与培训，外出学习培训是组织成员开拓视野、提升自我的一个有效途径。管理者通过外部学习交流，摒弃自身过时的思维方式，通过学习借鉴，优化学校的管理模式和组织结构；教师通过外部学习，了解目前新的教学方式和专业技能，及时对自身的思维模式做出更新，积极适应外部环境的变革。

再次，激励原则可有效地解决个人惰性问题，在鼓励组织各成员积极参与目标制定的同时，采取奖励手段刺激组织成员积极完成各项任务。对于不同校区而言，可以设置绩效指标，对完成度较高的校区将划分更多资源；对于老师而言，课上课下任务完成质量的好坏采取等级评价制度，每个月或每学期进行绩效汇总并颁发奖励；对学生也可设置高分奖、进步奖等奖励方案。借助激励措施，让整个组织成员都能朝着自己期望的方向积极前进，建立起蓬勃向上的校园风气。

最后，激励原则可以用来鼓励有积极向上态度的组织成员，但无法激励那些"无私无畏"，既不求奖励也不做工作的成员，因此，还需强化监督问责机制。对于任务完成量较差的组织成员，宜采取相应的惩罚措施，并且鼓励各个成员监督；组织中出现不作为、敷衍了事的管理者，可以进行权力回收、职位下调等措施；对于课上课下懒惰、不负责任的老师，采取适当减少课时、及时谈话引导的方式改变其消极态度。通过激励措施与问责措施并行，能有效发掘出校区内各成员的积极主动性。

第二节 执行能力的欠缺与提升

在多校区管理中，地理位置分散加大了空间管理上的难度，各校区间不同文化的融合问题也较为突出。从国内各个一校多区的管理实践来看，多校区的管理模式一般为"以条为主""以块为主"或"条块结合"等模式，这些模式或多或少都存在资源共享困难、教学人员的配置调动繁杂等问题。如某校采取"以条为主、条块结合"的管理模式，即主校区统一部署和规划发展目标，同时调动主校区的行政管理人员到分校进行管理，允许分校在大的布局下有小自由。但派驻分校的负责人缺乏实际的人、财、物的调控权，与分管条线负责人无隶属关系，在工作协调层面存在困难，造成派驻分校负责人与原有的主校区负责人之间的工作职责冲突、权限模糊等问题。而且学生管理工作具有突发性和时效性的特点，一旦突发紧急事件，需要相关负责人和学校管理层及时高效地采取解决措施。在一校多区的实践经验和学生工作需要同时重视的情况下，需要严格要求学校管理层的执行能力，确保学校的整体思想和目标能得到高效、准确的执行，创造出最大的管理效益。根据上述问题并结合本文的组织结构实施设想，现针对管理执行流程的前期、中期、后期三个时间节点提出能有效提升一校多区管理工作中执行能力的方法。

首先，在某一项工作执行前，管理者要统一目标，增强目标的明确性，分清主次关系。在不违背学校统筹规划的整体目标下，允许单个校区打造属于自己的特色化标签，各层工作执行人员需要做到目标任务的统一、文化理念的统一。如在主校区的引导下，定期对管理人员进行培训，在培训的过程中灌输组织文化，逐步形成群体价值观；同时，各执行人员能够交流沟通、熟悉彼此，有利于形成高度的团队凝聚力和向心力，减少不同执行人员因想法不同产生分歧导致组织执行效率停滞不前的现象；面对多校区管理带来的复杂问题，想提高处理效率，应该分清主次和轻重缓急。组织需要结合既定的任务目标，优先处理重要紧急的事务，待紧急事务解决方案部署完成后，再处理甚至过滤掉次要事情；合理安排任务次序，既能节约时间，缓解压力，又能有效提高工作执行效率。

其次，在任务执行期间，各层面组织成员要做到积极交流、共享信息资源。沟通是传达信息的一种重要手段，也是影响执行能力的重要因素。在小规模的单校区管理过程中，沟通更多是领导层的自上而下链条式的任务传达，有时候，执行人员通过非正式沟通就能解决问题。但这种信息交流手段在规模庞大的多校区集团化办学模式中无法实现，多校区办学的执行者需要接收不同的信息来源，既要向上沟通来确保学校发展政策环境，又要做好不同层级的下行沟通、不同校区间的横向或斜向沟通。如校区的校长与各校区的学科老师交流是一种普遍现象；在组织结构灵活配置的团队沟通中，执行人员根据工作需要与各层级人员沟通。一校多区组织结构中的开放性要求各校区间、校区与外界社会间产生广泛联系，学校要面向市场，了解学生的心理和物质需求，所以沟通也是资源共享的过程，能让资源在合理有效的诉求中得到配置、流动和共享。另外，在通信技术高度发达的互联网时代，网络通信可以作为沟通的有效辅助手段。微信、QQ、视频会议、多人在线文档编辑等网络交流手段有效地缓解了各校区因地理位置产生的不便，提高文本信息跨校区传递速度，减少线下手续、纸质办公所耗费的人力、物力资源。

最后，在执行之后，要充分发挥学校的问责和监督机制。单方面地执行有时并不能够改善管理情况，还需要全过程的问责和监督机制来规范各教学参与方的行为，提高各方的执行能力。一方面，教师在这些监督机制下，能积极学习新的教学方法、教学技能，提高自身的综合素质，积极参与教学活动；同时还能杜绝工作不作为、懒散等不良风气，避免因个人错误而导致的组织执行效率低下，影响整体目标实现的情况。另一方面，监督机制带来的正反馈能够帮助管理者将问题扼杀在萌芽状态，及时制止执行过程中决策失误、方向偏离目标等消极问题，进而提高组织的运行效率。

第三节　有限教育资源的制约及应对

集团化办学模式在发展过程中，教学资源尤其是优质教学资源的需求不断扩大，而现阶段我国政府对于教育的投入是有限的，并且投资至产生实际效果还需要很长一段时间，因此还远远不能满足目前学校发展的教育资源所需。教育资源有很多种形式，包括人力资源、财务资源、物质资源等有形资源，还有信息情报、时间成本等无形资源。思考如何在教育资源紧张的情况下充分利用现有资源、挖掘隐形资源，化解学校发展对优质资源的需求与教育资源有限之间的矛盾，是学校发展必须应对的问题。对此，本文在上述改革措施的基础上，进一步提出解决教育资源匮乏的几点建议。

一、化被动接受为主动获取

义务教育的发展与政府机构、社会爱心人士的投资密不可分，学校经营过程中，绝大部分的资源都要依赖于外界的输入，因此，学校在资源缺失的情况下，要么选择被动地等待外界的输入，而这样做可能会继续加剧教育资源的缺失，要么就积极寻求帮助，主动从外界获取资源（33，张斌，2004）。想要从外界成功获取资源，学校还需要做好两方面的工作。第一，树立良好的学校形象。投资者在衡量一个项目或组织是否值得投入时会全方位考察这个项目或组织自身的价值，从而判断自己的投资能否获得回报，产生额外效益。一个学校，只有同时兼顾了教师培养、学生教育、管理者监督等多项职能，形成了优质的教育理念和教育环境，才会吸引投资者的关注。第二，提升与外界沟通的能力。在树立了良好的外界形象的基础之上，学校需要将自身推向社会，引起社会各界的关注，此时学校就需要一个能力强的公关团队来替组织完成宣传、沟通等工作。公关团队能够帮助学校进行包装，按照学校的发展计划制订宣传计划，向外界传播投资信息，在吸引了投资者之后，还能与其详细交流沟通，明确投资者的投资意图，同时满足学校需求。

二、科学利用各类教育资源

教育资源匮乏一方面是因为资源的投入度不够，另一方面是因为缺乏科学的资源管理观念使得很多教育资源未受到重视而被严重浪费。现如今，传统的教育制度、组织结构都已经发生了巨大的转变，然而还是有很多管理者仍然延续了原先单个校区采用的管理理念和模式，而不是以集团化办学为前提来安排人员流动和资源配置，因此即使是获得了足够的教育资源也不能够充分利用资源。要解决这一问题就需要组织管理者转变管理观念，树立科学的资源观，充分意识到各类资源的重要性，并将其投入能使它发挥最大效用的环节中去。主要措施包括：（1）培养骨干教师。教师团队是学校教学任务的中心，学校在扩大发展规模的过程中，不仅要不断地从外界引进优秀人才，增加人员流动，更要注重组织内部优秀师资队伍的培养。因为，虽然从外界引入人才是提高学校办学质量的重要方式之一，但是从外部聘请专家、学者会耗费更多的财力，新人入职还需要经过一段缓冲期才能够适应组织的运行模式，组织需要预留更多的资金和时间成本，而培养现有的教师不仅可以节省开支，还可以缩短员工的适应期。管理者要意识到每一个教师都蕴藏着巨大的知识宝库，如果能够发现并激发他们的潜能，促进教师的自我提升，就可以为组织发展贡献优质教学资源。(2) 培育优质学生。培育学生是教育的最终目的，教育工作者应该坚持以人为本，不放弃每一个学生，以培育优质学生为自己的工作目标，采取科学的教育方法因材施教。对"优等生"多鼓励，多教育，进一步培养他们的学习兴趣。对于困难学生要与学生家长多沟通，从日常生活中了解学生的内心，积极引导学生学习。(3) 推动教学资源深度共享。上一章节中提到过不同校区间教学资源的共享，除此之外，还应该注重与组织外部资源的共享。对学校这种社会教育机构而言，法律法规、政府公文是学校发展的依据，是教育资源的重要组成部分。如果管理者能够与政府部门达成合作共识，充分利用政策性资源，那么管理者就可以把握动态时政信息，及时根据政策调整组织内部的资源配置情况，使得各部分资源在最短时间内发挥最大效用。(4) 合理有效分配资源。"一校多区"办学模式要求各校区既要实现统筹规划，又需打造自身校区特色。根据各校区自身特色化目标的不同，其在发展过程中对资源的需求也存在差异，这就需要管理者采用有效的管理手段，对集团内的资源进行合理分配。例如，对符合某个校区特色化办学的管理者、教师或者学生，集团化办学的管理者可以采取人员调置、开设经验交流会等措施，对有特色化建设资源需求的校区提供最有利于该校区发展的资源支持，加强各校区特色化建设的全面性和吸引力，在教育资源有限的情况下，实现对现有资源利用效益最大化，对加快集团化办学总体发展进程具有重要意义。

第五章 结语

基础教育集团化办学作为一种新的办学模式，能够推动教育均衡发展，缓解学生家长择校压力，满足社会优质教育发展需求。目前我国各地已经有不少学校开始尝试这种新的办学模式，然而到目前为止，国内有关中小学教育集团化办学的理论研究成果较少，研究者在设计学校管理模式、组织结构时没有充分考虑到集团化办学的特点，也缺乏足够的理论来指导实践。

本文以山东省济宁市东门大街小学为例，参考管理学相关理论，探讨集团化办学在发展过程中可能遇到的问题与挑战，指出济宁市小学教育集团化发展工作中的关键问题，并提出相应的应对措施，以期对未来基础教育集团化办学的发展提供理论参考和实践依据。本文的创新点在于：第一，依据目标设置理论，结合实情提出学校整体发展愿景，同时针对各校区的特殊情况层层细化阶段性发展目标，并设计出集团化办学质量评估体系，量化责任目标，确保计划明确且便于实施。第二，以问题为导向，对中小学教育集团发展现状深入分析，挖掘出存在的问题，然后借鉴组织结构理论，对"一校多区"的组织形态进行思考，重新设计出适用于中小学教学模式的组织结构和领导方式，着力解决管理行政化、资源不均衡等问题。第三，针对可能存在的漏洞，提出相应的解决办法来进一步完善改革方案。

　　虽然本次研究取得了一定的成果，但由于笔者的理论水平和精力有限，对一些问题的探讨仍不够具体全面，今后还需要继续修改完善：第一，笔者虽然前期阅读了很多管理学领域的文献作为理论支撑，但由于时间有限，未能够系统地学习各种理论，该领域内仍然有很多有价值的观点值得思考和借鉴；第二，本文对济宁市小学集团化管理的研究只停留在理论探索阶段，未投入实际应用中进行检验，一些想法措施的合理性、有效性无法得到验证，后期仍然需要投入精力，通过长期实践来进一步调整和优化；第三，本文主要是以笔者接触到的济宁市作为研究对象进行研究，由此提出的发展规划、具体目标都具有一定的针对性，适用性较差，如何将本文中提到的措施移植到其他教育集团的管理工作中，以适应整体集团化办学的发展趋势是今后需要探讨的话题。

　　总之，现阶段我国基础教育集团化管理模式正处于发展初期，无论是理论还是实践方面都不够成熟，有待拓展，本文也仅就局部地区的发展情况进行了初步探索，研究对象不具有普适性，理论和实践联系不够紧密，许多观点需要在后期学习中逐步完善。从长远发展来看，想要充分发挥集团化办学优势，形成集团化办学模式，提高基础教育教学质量，不仅学校自身需要提高思想觉悟，建立科学完善的管理制度，合理调配教学资源，学校外部也需要对此予以重视。政府应该起到宣传和带头的作用，为学校营造良好的社会环境，与学校共同创造优质的教学氛围。相信通过社会各界的共同努力，基础教育集团化办学将拥有更加广阔的发展空间。

参考文献

1. 陈文娇. "一校多区"集团化办学的管理学审视［J］. 教育研究与实验，2017.
2. 刘海波，谢仁业. 多校区大学管理的若干理论问题及分析框架［J］. 教育发展研究，2001.
3. 武书连. 再探大学分类［J］. 中国高等教育评估，2002.
4. Sammartino, P. Multiple-Campus Colleges［J］. *Journal of Higher Education*，1964.
5. 仇玉华. 企业集团化管理研究［J］. 企业研究，2013.
6. 鲁子萧. 集团化办学助力新城区教育均衡发展［J］. 教育与管理，2016.
7. Locke, E. A., Latham, G. P. A Theory of Goal Setting and Task Performance［M］. Englewood Cliffs. NJ：Prentice Hall，1990.
8. 周颖洁，张长立. 试析西方组织理论演变的历史逻辑［J］. 现代管理科学，2007.
9. Locke, E. A., Bryan, J. Goal setting as a determinant of the effects of knowledge of score in performance［J］. *American Journal of Psychology*，1968.
10. 孔繁玲. 管理学原理与案例分析［M］. 华南理工大学出版社，2008.
11. 吴瑕. 目标设置理论研究综述［J］. 科教导刊，2010.
12. Rothkopf, E. Goal-guided learning from text：Inferring a descriptive processing model from inspection times and eye movements［J］. *Journal of Educational Psychology*，1979.
13. Latham, G. P., Locke, E. A., Fassina, N. E. The high performance cycle：standing the test of time. Psychological management of individual performance. *John Wiley & Sons*，2005.
14. 杨秀君. 目标设置理论研究综述［J］. 心理科学，2004.
15. 李晓春. 70年代以来组织结构理论的发展趋势［J］. 中国工业经济，1998.
16. 刘艳梅，姜振寰. 熵、耗散结构理论与企业管理［J］. 西安交通大学学报（社会科学版），2003.
17. 薛晴. 西方组织结构理论及其对中国地方政府机构改革的借鉴［D］. 苏州：苏州大学，2001.
18. Williamson, E. O. Contract Analysis：the Transaction Cost Approach［J］. *The Economics Approach to Law*，1981.
19. Hammer, M., Champy, J. Reengineering The Corporation - A Manifesto for Business Revolution［M］. HarperCollins, New York, 1993.
20. 全筱筱. 基础教育集团经营策略研究［D］. 广州：广州大学，2019.
21. 何学锋. 推进学校治理现代化的多校区模式探寻：东部城市小学的一个样本［J］. 教

育发展研究, 2015.

22. 胡永嘉. 领导者如何摆脱分权与集权的纠结——坦南鲍姆和施米特领导行为连续体理论的启示［J］. 领导科学, 2015.

23. 林志扬, 林泉. 企业组织结构扁平化变革策略探析［J］. 经济管理, 2008.

24. 邓志文. 中学扁平化管理改革的案例研究［J］. 时代教育（教育教学版）, 2008.

25. 马迎贤. 组织间关系：资源依赖视角的研究综述［J］. 管理评论, 2005.

26. 王志宏. 农村小学分校管理模式的审视与探索［J］. 教学与管理, 2017.

27. 罗珉. 大型企业的模块化：内容、意义与方法［J］. 中国工业经济, 2005.

28. 郭必裕. 学习型组织结构与高校组织结构的契合［J］. 黑龙江高教研究, 2006.

29. 张水玲. 我国公立学校组织模式的困境与变革［J］. 当代教育论坛（校长教育研究）, 2008.

30. 任佩瑜, 宋勇, 张莉. 论管理熵、管理耗散结构与我国企业文化的重塑［J］. 四川大学学报（哲学社会科学版）, 2000.

31. 姜云飞, 聂荣鑫. 自组织理论视野中的学校管理［J］. 江西教育学院学报（社会科学版）, 2004.

32. 章志光. 心理学［M］. 北京：人民教育出版社, 1984.

33. 张斌. 在有限的教育资源下学校发展的思考［J］. 思想·理论·教育, 2004.

发展性教师评价与教师专业发展探究

摘要：过去的教师评价方法过于单一，过分注重奖惩结果，很难真正提升小学教师的工作主动性和工作热情，而发展性教师评价则更多地针对未来，是一种激励性教学评价，对于教师以后的专业发展有一定的积极作用。在这种情况下，本文首先简单阐述了建立发展性教师评价体系的有关内容，而后对制订发展性教师评价方案、实施发展性教师评价策略、运用发展性教师评价结果三个方面的策略进行了具体研究。

关键词：发展性教师评价；教师专业发展；教师评价结果

发展性教师评价模式的落实，是教师评价工作的一次跨越式进步，利用各种各样的方式，提升教师的责任感，能够根据教师目前的实际水平，对教师的个人发展提供支持，是促进教师综合进步、专业发展的不二之选。但是在实际的教学评价中，传统的评价模式时至今日仍然发挥着不可替代的影响，发展性教师评价很难真正落实到位，显然不利于教师的专业性发展，因而对本课题进行研究具有一定的现实意义。

一、发展性教师评价体系概述

发展性教师评价的根本目的在于通过评价推动教师专业发展，其实际上属于双向的评价模式，是一种和谐、平等、互信的评价模式，具有极佳的应用效果。对教师评价制度的改革和创新，是顺应素质教育的需求，是适应新课程标准的措施，只有做好发展性教师评价，教师的能力才能得到根本上的提升，换言之，这种新的发展性教师评价体系，对教师的专业成长有百利而无一害。

发展性教师评价是教师成长、学校发展的有效措施，能够同时带动两个目标的实现和落实，这主要是因为教师的个体发展和学校的整体进步是息息相关的，只有教师能力得到了提升，学校的进步才有可能实现。从这个角度来说，学校必须考虑如何才能结合教师个人发展需求与学校发展需求，并且寻找恰当有效的措施，对教师进行管理和综合性评价，以发展性教师评价模式作为推动教师发展、推动学校进步的新生动力。除此之外，发展性教师评价体系的建设和执行，还能够解决学校内部消耗的问题，让教师在评价中更加了解自己的不足之处，并且鼓励教师对这些不足之处进行调整和改进，最终达到提升教师能力、促进学校发展、保障学生进步的根本目标。

二、以发展性教师评价促进教师专业发展

（一）制订发展性教师评价方案

教学工作实际上非常复杂，教师必须具有独立创新能力、拥有发展进步眼光、能够对学生差异进行判断，才能取得实际成果，所以说想要量化评价教师的能力比较困难，一味地应用硬性标准反而会让教师产生抵触心理。如何制订教师评价方案才能避免这一问题，值得我们进行分析。校方除了要关注教师平时的表现之外，还应该对其专业发展进行连接，可以鼓励教师自己设定发展目标、发展计划，并且上报到教研组，在教职工代表大会上进行专家评审、集中投票等流程以后，最终形成一个具有代表性的、科学合理的、能够为教师群体所接受的发展性教师评价方案。在对教师自拟的发展性教师评价方案进行审核的时候，必须关注自拟方案是否贴近教学实际、是否与学校未来的发展相贴合，还需要关注教师的接受程度，并且根据这些判断结果对发展性教师评价方案进行一定的调整，最终制订出一个能推动教师专业发展、合理的发展性教师评价方案。

（二）实施发展性教师评价策略

发展性教师评价本身的侧重点在于评价主体多元化、评价信息丰富化、评价标准差异化，所以说实施发展性教师评价策略的过程中，必须组织教师进行自我评价和反思，并且根据各方情况开展评价工作。

第一，要根据教师情况进行评价。教师的教学工作经验、自身年龄、综合素质都有一定的差异，在进行评价的时候必须注意到这些不同之处，并且

根据差异建立适当的评价标准。校方的教师评价人员不能预设评价标准，也不能以同一个标准去要求和评价不同的教师，必须做到因人而异、逐个评价，教师的科目不同、类别不同，因此评价标准必须不同，否则最终的评价标准很难有参考价值。

第二，要根据学习情况进行评价。教学工作虽然是一个互动的过程，但是最重要的还是"学"的效果，只考虑讲课过程的教师虽然能带来精彩纷呈的课堂，但是学生的学习效果难以得到保证。所以说在对教师进行发展性评价的时候，我们除了要看教师在课堂上讲授的能力，还要看学生的学习成果如何，要让学生的课堂参与度、知识理解程度、学生核心素养的发展程度等成为发展性教师评价的重要标准。

第三，要从发展的角度进行评价。不同的学生有着不同的学习基础，智力因素也各有不同，同时他们学习不同学科的天赋也不同，想要按照同一个标准对教师的能力进行评价显然不合理，对学校的长远发展没有积极意义。所以说，必须对同一学科下学生学习的发展量进行判断，从而促进教师的综合成长。换言之，就是要考虑学生学习中进步的情况，将学生在学习过程中的成长情况作为判断标准，通过对学生的增值性评价，完善发展性教师评价。

（三）运用发展性教师评价结果

在发展性教师评价中，评价并不是目的，推动教师发展才是目的。让评价方和被评价方之间形成平等的关系，让教师成为评价的主体至关重要。在今后的工作中，我们要更好地利用发展性教师评价的结果，推动教师的综合成长，为学校的发展打下坚实基础。

第一，要让学生参与到教师评价当中来。发展性教师评价具有多元性。学生家长、学生、学校都有权利参与评价，教师的教学质量由学生进行判断，是一种有效的、新型的评价模式，目前尚处于尝试和起步阶段。但是从仅有的实践情况来看，这是一种行之有效的尝试，是一种效果突出的长期评价策略。教师在看到学生评价结果以后，会对自己在工作中采取的教学方法进行调整，也会以此为鉴，避免类似的教学问题再次出现。

第二，必须做好协商评估工作。发展性教师评价最终强调和关注的是教师教学行为的发展。因此要组织教师进行自我评价，并且和评价人员进行积极有效的沟通。在不断协商当中达到评价标准的统一，让教师感受到专业发展的重要性。具体来说，发展性教师评价的步骤可以分成：首先，组织教师进行反思和自我评价。其次，通过教育教学质量的分析和研究，对学生发展情况进行判断，在学校内部进行评价。而后要组织学生和学生家长参与教学评价座谈会，整理他们对教师发展性评价的要求和建议，提升评价标准的有效性。最后，根据不同教师的评价结果和优点长处等，与教师进行面谈，引导他们建立专业发展的信心，保证发展性教师评价能够发挥应有的作用。

参考文献

1. 孙海云．重视发展性教师评价加快教师专业化发展［C］．广东教育督导学会，2014：239-239.
2. 路晓倩，施耀凯．试论教师专业发展与发展性教师评价［J］．教育教学论坛，2015（42）．
3. 黄驿轩．教师专业发展中的学校责任的理论认识与实践策略［D］．兰州：西北师范大学，2012.
4. 张赟．发展性教师评价探析［J］．湖北教育学院学报，2005，22（6）：96-98.
5. 史晓燕，张世贤．奖惩性与发展性教师评价关系探析［J］．教育实践与研究，2007（10）：12-14.
6. 栾敏．发展性教师评价理念探析［J］．黑龙江高教研究，2006（6）：114-115.
7. 孙德玉，陈俊山．创设学校支持性环境促进教师专业发展［J］．跨世纪（学术版），2008，16（1）：41-43.
8. 王志曲，孙德玉．论我国教师专业发展的现实困境及其推进策略［J］．现代中小学教育，2007（3）：60-62.
9. 李廷宪．教师专业发展与教师道德［J］．安徽师范大学学报（人文社会科学版），2003，31（3）：308-311.
10. 李瑛．我国教师专业发展研究综述［J］．巢湖学院学报，2006，8（5）：151-155.

浅谈校长沟通能力的提升

摘要：校长与教师的关系是学校人际关系中最基本也是最重要的关系，校长与教师人际关系的融洽程度是能否办好一所学校的关键。善疏则通，能导则安。校长不能把自己看成是一个管理者，而要把自己看成是一个"沟通者"，主动走到师生当中去，在与师生沟通上下功夫、花力气、做文章。校长如果能把"有效沟通"融入骨子里，能够和师生多交流，就可以及时掌握各种信息进行规划、决策，就有助于及时发现和解决各种问题，就可以凝聚起全校上下的共识，管理目标自然就会落到实处，让员工更好地为学校服务。

关键词：沟通能力；运用技巧；环境；语言

校长作为学校的管理者和决策者，不可能任何事情都事必躬亲或单枪匹马，关键是要动员他人去实现自己的想法，去实现自己的办学理念。这就要体现校长的管理艺术，而沟通无疑是一剂尊重他人、消除隔阂、建立信任、增进友谊、达成共识、形成合力的良方，也是校长体现人格魅力、掌握主动的一种境界。

高质量的沟通必然产生高质量的信任，高质量的和谐必然造就高质量的教育。学校管理，其实质就是一种思想、观念、情感和灵魂的沟通。沟通是学校管理的重要形式和方法。缺乏校长与行政、校长与教师之间的沟通，会使校长对教师不能进行有效的管理，增大内耗，也使得教师缺乏对学校管理的理解与共识，更不可能认同学校管理的共同目标和共同使命。

校长在重视学校工作的同时，应经常关注教师的日常生活，在对教师安排工作时，主动询问教师有没有问题，是一种很善意且实际的沟通。但由于校长与教师在客观上存在着地位差距，教师在工作中如果被校长问及有没有问题时，往往唯唯诺诺或表示没有问题。实际上，沟通在这里就出现了断痕。闲暇时聊聊新闻和天气，或是音乐和时尚之类教师感兴趣的话题，往往是拉近与教师距离的好方法。因此，在开展沟通工作前，校长必须正视并争取尽快解决这些问题。尽最大努力创造条件，维护教师的利益，使教师能真切感受到来自学校领导的关心和温暖，从而提高其对沟通工作的认同感。

沟通是尊重人格、消除隔阂、增进友谊、形成共识的一剂良方，也是校长心胸豁达、掌握主动的一种境界。但是，现实中绝大部分教师在与校长交往中，总会不自觉地有防范、掩饰心理。校长在学校管理中难免会与教师积累一些冲突，如工作任务的安排、无意中言语的伤害、工作失误时的批评、评优晋级的偏差，以及一些小小的误解，这势必会导致部分教师与校长产生心理上的隔阂。有了这种隔阂，必然会影响学校工作的正常开展，因此，校长必须与教师及时沟通，消除隔阂，需主动走近教师，学会沟通，善于沟通。

作为校长要掌握与教师沟通的艺术，需要做到以下几个方面：

一、沟通的分层艺术

一所学校，多则几百名教师，少则几十位教师，如果用同样的方法去沟通和交流，效果肯定是不理想的，必须根据本校教师结构的特点，采用分层沟通的策略，才能达到有的放矢、对症下药、画龙点睛的效果。

如何分层要根据本校的实际和教师的结构特点，需要校长对每个教师的情况了如指掌。如按年龄可分为老年教师、中年教师、青年教师、上岗教师；按工作能力可分为骨干教师、普通教师；按分工不同可分为行政人员、一线教师、后勤职工；按情感因素可分为紧密型教师、有隔阂或误解的教师；按性格脾气可分为开朗型教师、内向型教师……只有了解了不同层次教师的不同需求，了解他们各自的内心世界，才能有的放矢地进行沟通，才能把握沟通的主动性和有效性。

中层干部是学校的一支核心力量，是学校决策的带头实施者，有时会因工作方法不当而得罪老师，因工作效果不佳而受领导指责，出现这种上不讨巧下不讨好的尴尬局面时，心里不免难受和矛盾，甚至会发牢骚，影响工作。如果此时校长在教师面前批评他，就会刺伤他的自尊，削弱他的威信，打击他的工作热情，而如果找个合适的机会与他个别交流，向他谈谈自己曾经的失败和经历，探讨工作的方法，寻找有效的工作途径，鼓励他不怕困难，不怕失败，迎难而上，并在适当场合树立他的威信，帮助他建立信心，这样就有利于工作的开展。每个学校中层干部都渴望掌握自己的工作和生活，并做相应的决定。校长在学校管理中充分给予中层干部决策的权力，非常有利于保持他们的士气、动力、自尊和工作满足感。在工作中，校长应放手的地方还是要放手，交给中层干部完成的工作，校长轻易不要干涉。信任，也是一种管理状态。

老教师是学校的精神财富，他们有过曾经的辉煌，有的甚至也当过领导，他们经历丰富，见多识广，处事稳重，有很多值得年轻教师学习的地方。但也有一些老教师学历偏低，方法陈旧，精力又不足，有的甚至倚老卖老，看不惯年轻领导和教师的一些做派，对待遇、身体、工作看得比别人重。对于他们，校长要放下架子，给予他们充分的尊重和关心，沟通时要倾听他们的需求，尽量解决他们工作和生活中的一些实际问题。在尊重、聆听、关爱的前提下，合理地使用好他们，既让他们充分发挥余热，又让他们体会到组织真诚的关心。

二、沟通的无声艺术

这里所指的无声艺术包含两层意思：一是校长的自身形象和人格魅力。一个校长要与教师进行有效沟通，首先必须是教师认可、尊重的校长。校长的言行无不对教师产生影响。试想一个校长在教师中如果没有威信，没有号召力，没有影响力，那么在沟通中能让他们信服吗？因此，作为校长必须加强自我修养，要别人做到的事自己必须首先做到，严格要求自己，处处以身作则，注重自我形象，处事公正、公平，对工作充满热情，对教师真诚关爱，努力用自身的人格魅力来影响和感染教师，达到此时无声胜有声的境界。

二是体态语言的巧妙运用。美国语言学家艾伯特·梅瑞宾提出了一个著名的沟通公式：沟通的总效果=7%的语言+38%的声音+55%的表情。在这里，声音和表情都是非语言沟通的形式。

从这个公式不难看出，人与人之间的沟通只有7%是语言实现的，高达93%的沟通都不是用嘴说出去，而是通过声音和表情表达出来的。所以，人们不只是单纯地从你说的话里判断是非，更能从你的肢体语言、眼神、表情、语气语调里面分析出其他意思来。对校长而言，学会用非语言沟通来了解教职工的真实想法、准确表达自己的观点是非常重要的。

根据非语言信息的不同来源，可分为表情、目光、姿势、手势、仪表、声调、环境等几大类，分别有不同的运用技巧。校长要成为非语言沟通的高手应注意：

表情：人的面部神态和表情是非语言沟通中最丰富的源泉，可以跨越不同语言、文化和国界的障碍，传递相似的情感，如幸福、悲伤、愤怒、惊讶等。听其言，观其色，可以使我们更准确地了解对方的真实感情。

校长的表情是仪表、行为、举止在面部的集中体现，对教职工的心理影响较大。因此，在和教职工的沟通过程中，请你时时处处"把笑意写在脸上"，不要在教职工面前流露厌烦、愤怒、生气或不屑的表情。微笑是人间最美好的语言，虽然无声，但是它表达了高兴、喜欢、同意、尊敬等很多意思，让人感到亲切、温暖、有信心，并且有助于建立彼此的信赖感。

目光：眼睛是心灵的窗口，人们灵魂深处的情感可以通过这个窗口折射出来。在沟通交往中，往往主动者更多地注视对方，而被动者较少迎视对方的目光。所以许多成功人士都把修炼自己的眼神作为迈向成功的一步！

作为校长，当你注视着教职工时，表示你对他或他说的话感兴趣；当你回避了教职工的目光交流时，对方就会觉得你不重视他，对他不屑一顾。所以，作为校长应学会用目光交往，领悟教职工眼神中所包含的意思，主动加以满足，让我们的一双眼睛时刻都在"说话"。

但是，眼睛一直看着对方也会让其不舒服，所以，在整个沟通过程中，目光交流的时间占60%是最合适的，既让对方感受到你的尊重和重视，又不会觉得你老盯着他。

姿势：身体姿势作为一种非语言符号，无声地传递着人的思想感情和个人修养，如交谈时，身体前倾，表示热情、感兴趣；身体后仰，显得不在乎和轻慢；双腿乱抖或不停地换姿势，是紧张和不耐烦；拂袖离去是拒绝交流的表示。

校长在与教职工交谈时，要注意端正自己的姿势，以免给教职工留下缺乏修养的印象，而不愿与你打交道。

手势：说话时适当地配合手势，有助于内容表达、加强感染力，但动作不当或过分就会令人生厌。所以，请随时管好你的双手，手势运用要恰到好处，忌插兜、抱胸、小动作、乱舞、指人等。

仪表：衣着本身是不会说话的，我们也不能以貌取人，但在社会交往中，衣着是留给别人对你第一印象好坏的关键。作为学校的"第一掌门"，需衣着整洁、仪表端庄、举止沉着，这是对教职工最起码的尊重和重视，是其领导形象的展示，这样，才能获得教职工的好感和信任。

声调：与教职工沟通免不了要说话，你的声调、语速、清晰程度及流畅程度都会影响教职工的愉悦程度。因此，说话时语调要平和，给人以亲切感；音量适中，声大让人觉得凶恶，声音太小又听不清；语速不要太快，尽量要清晰流畅。

三、沟通的环境艺术

选择一个好的沟通环境，可以营造一种好的沟通氛围，同样可以收到好的沟通效果。

教师是个特殊的群众，他们既是被管理者，同样也是管理者，他们都很重视自身的形象，也特别看重自己的面子。因此，校长在与他们沟通交流时，要掌握他们的心态，不能不分场合，不看时机，在学生面前或在其他教师面前，随意表达对某个教师的看法或评价，这样不仅不能很好地沟通，反而会伤害他们的自尊心，促使矛盾的激化，甚至有时双方都下不了台，把事情搞僵。

一个善于沟通的校长，会根据不同性格、不同原因，选择多样性的环境，进行真诚而又灵活的沟通，起到环境育人的作用。

四、沟通的语言艺术

语言是人类交流、沟通的工具，是人与人之间沟通最常用的交流方式。教师都是有思想、有知识、能说会道的人。因此，校长在与他们沟通的过程中要特别注重语言表达的艺术，既能说到点子上，又能顾及教师的脸面，避免教师自尊心的挫伤，而造成沟通的障碍，产生逆反心理。

在与教师沟通前，校长应该事先精心"备课"，深入了解对方的具体情况，应该知道"说什么"，更要考虑"怎么说"，要学会随机应变，不卑不亢；以情动人，恰到好处。

通常使用的语言技巧有：幽默，一种交流的润滑剂，可以调节气氛，加强沟通的亲和力，使对方容易接受，当然也要避免粗鲁低俗的幽默；含蓄，一种含而不露的交流方法，让教师自己揣摩、体会话语中所蕴含的真实意思，一方面体现了校长的高雅与修养，另一方面也表示出一种对教师的尊重和体谅；委婉也是与教师沟通最常用的一种语言表达技巧，有时对教师直言不讳，会让他们在心理上难以接受，产生抵触情绪而无法沟通，利用委婉的口气说话，多使用"是吗""对吧""好啊""就是嘛""你认为呢"等语句，可以使人感到说话语气不那么生硬并传递一种真诚的信息和相互的尊重；交流时适度的沉默，可以起到一种提醒的作用，也可以给双方留下冷静思考的空间，有时对某个观点一时转不过弯，沉默就是一种好的方法，不必马上发表自己不成熟的观点而导致误解的加深；积极聆听可以体现校长的诚意和耐心，不要只顾自己说，而不愿意听老师讲，随意打断教师的话或不专心听教师说，会让老师觉得校长对他的诚意和尊重不够，也就让教师无法接受你的说教了。

总之，学校管理是一门艺术，校长应领会管理就是管人，管人就要管心，管心就要关心，关心就要真心的道理。真心、真意、真诚的沟通是做好学校管理、构建和谐人际关系的重要手段，讲究艺术、技巧、方法是有效沟通的重要途径。

关于校园欺凌治理工作的思考

摘要：青少年是祖国的希望，是社会和谐发展的基础力量。学生在成长的过程中受家庭、学校、社会的共同影响，校园欺凌问题根植于家庭，显现于学校，恶化于社会。本文先剖析了目前校园欺凌治理工作中存在的问题，又提出了进一步加强校园欺凌治理工作需要强化的有效预防、依法严惩、综合治理三个方面的措施。

关键词：校园欺凌；治理对策；中小学生

一、校园欺凌问题的研究背景

近年来，校园欺凌的事件频发，暴力程度趋高，通过各类媒体的传播，已成为严重影响未成年人身心健康的社会问题，广受社会各界的关注。青少年的健康成长是国家和社会发展的基础保证，然而我国教育资源分布不均衡、留守儿童不断增加，这些问题都间接影响学生的思想和行为，最终导致欺凌行为的发生。许多家长和老师常常将校园欺凌行为看作小孩子之间的打架斗殴事件，是因为对校园欺凌的概念和性质认识不足，校园欺凌行为一般要产生严重的影响，甚至已经达到触犯刑法的程度，才会受到家长和学校的注意。很多学生从小学、中学一直到大学，都受到过校园欺凌，大部分同学把校园欺凌看成了家常便饭，没有认识到校园欺凌的恶劣影响以及有可能会威胁到学生的生命安全，而且大部分学校对这方面的研究不够充分，并缺少相应的有效对策。随着校园欺凌现象开始成为我国大部分校园普遍发生的问题后，国务院教育督导委员会印发了《关于开展校园欺凌专项治理的通知》，要求各地各中小学校针对校园欺凌现象进行8个月的专项治理。《通知》要求各地中小学校要制定完善校园欺凌的预防和处理制度，建立校园欺凌事件应急处置预案，明确相关岗位教职工的职责。及时发现、调查处置校园欺凌事件，涉嫌违法犯罪的，要及时向公安部门报案并配合立案查处。

二、校园欺凌治理中出现的问题和原因

2016年4月和11月，国务院教督办以及教育部等九部委先后发文，治理校园欺凌问题力度很大，但因其成因和影响复杂，校园欺凌治理一时难以获得理想成效。

（一）预防和治理的观念和手段相对滞后

第一，目前，我们治理校园欺凌工作中还是注重事后处理，而忽视事前预防。从近些年处理的校园欺凌事件来看，大部分学校认为校园暴力是青少年成长过程中出现的小问题，"小打小闹"只需教育和训导就能解决问题，没有意识到对于那些社会危害性大的失足少年，惩戒实际也是另外一种重要的教育方式。另一方面，对同为未成年人的被害人的权益保护还不够重视。

第二，低估了校园暴力事件的犯罪性质。家长和社会均形成了保护青少年的惯性思维，在出现校园欺凌时，并没有采取严厉打击的态度，而是尽最大的可能去免除刑罚。涉事各方都会采取逃避责任的消极态度处理事件，大多数受欺凌者往往胆小怕事，怕惹怒了欺凌他们的学生帮派；学校出于自身名誉的考虑，大多数情况下会选择快速平息事件；家长通常想的也是不要把事情闹大，特别是在欺凌方很强势的情况下，往往会选择私了；最后是司法机关由于校园欺凌的双方当事人都是未成年人，通常会劝说当事人双方进行和解结案。

（二）诱发校园欺凌行为的社会不良因素没有清除

第一，随着社会经济发展迅速，人们逐渐出现浮躁、暴动的情绪，在社会上形成不良的风气和暴力行为，这些危害因素都会误导青少年的行为和思想，导致不能正确辨别是非。他们往往会模仿这些暴力事件去欺凌比自己弱小的同学。尤其是校园周围的社会青年，会唆使在校学生抢劫、殴打弱小同学，并且形成帮派团体，经常在校园周围进行暴力活动。许多重大暴力案件往往是由犯罪团伙共同制造的，而这些团伙大多数是由最初的非正式校园团

伙发展起来的。在学生阶段长期欺凌弱小的孩子会沉浸在欺凌他人的快感中，长大成人后，大多数还会继续去侵犯他人并最终走向犯罪道路。

第二，现代网络和各种媒介的普及，导致许多学生从小便会使用手机和电脑上网浏览网页，而网络内容的管理却相对滞后。网络上有些网页充斥着大量不健康的内容，这些网页常常未加筛选，就被学生上网浏览学习乃至效仿。还有的学生沉迷于网络游戏，其中的暴力与凶杀情节更是不胜枚举。另外现在的一些影视剧中过度渲染暴力情节，久而久之，一些中小学生并不觉得实施暴力是违法犯罪，误以为弱肉强食是正常的社会秩序，还觉得欺辱同学很有面子，还拍视频上传网络来增加快感。

(三) 法制教育和法治体制不健全

第一，法制教育流于形式。许多学校和家庭的教育观念仍是传统的应试教育，片面追求升学率，忽视对学生法律素养的培养。校园的法制教育资源有限，大部分学校中设置的法制教育课程主要是由《道德与法治》课的教师或其他学科的教师担任，有些学校甚至没有专门的法制教育课程。在家庭中，有些孩子的父母对法律知识知之甚少，不仅无法教导孩子掌握正确的法律知识，在孩子受到欺凌或欺凌他人的时候，没有意识到欺凌行为已经触及个人生命安全和公民权益问题。

第二，现行的法律制度对未成年人的保护上还存在不合理性，特别是对于那些犯有严重暴力行为的未成年人的法律责任和惩罚措施上，现行的法律法规没有明确规定，不能起到适当惩戒的作用。在发生欺凌后，大多数学校只会将孩子交给其父母来管教，对于青少年违法与犯罪，司法机构认为不起诉是对青少年的保护和挽救，法律法规起不到应有的惩戒作用。所以，才会让一些误入歧途的学生不知不觉中触犯法律，侵犯他人的人身权益，从"小恶"逐步走向违法犯罪的"大错"。

三、校园欺凌治理的应对措施

为了更好地防治校园欺凌行为的发生，中央综治委、教育部等部门相继出台了一系列维护校园安全的规定，各项文件规定都针对校园欺凌的治理给出了合理的建议。学校应按照上级主管部门的各项制度和措施，积极开展以下工作：

(一) 有效预防

学校有责任为学生提供安全的教育环境,而教师也有责任在发生校园欺凌时进行及时、有效的干预和制止,从而保障所有学生在学校的安全。

1. 学校要加强校园欺凌监测

学校要监测了解校园欺凌行为发生的频率、类型和地点及其对学生所造成的负面影响,这样既能帮助教师选择合适的干预方式,也能促进学校开展针对校园欺凌的干预项目。

2. 学校要加强多方培训

(1) 积极开展教师培训。全体教职员工都需要在培训中学习如何识别和制止欺凌行为,如何维持和强化学校的规章制度,如何落实《中小学生守则》等规则。校园欺凌行为在发生前,往往会有一些迹象,如果教师能够及时预判到,在一定程度上可以阻止欺凌事件的发生。

(2) 提高学生应对能力。《关于开展校园欺凌专项治理的通知》中提出"开展品德、心理健康和安全教育",学校可以将预防校园欺凌教育纳入义务教育课程体系,定期开展预防校园欺凌的专题教育,让学生理解什么是欺凌,如何识别欺凌行为的迹象,如何报告欺凌行为,如何寻求帮助以及如何安全有效地制止欺凌。并通过相关课程学习,让学生懂得如何关心他人、尊重他人,掌握保护自己和远离暴力的相关技能。

(3) 加强家校沟通交流。学校要充分利用家长会、家长学校等途径,为家长开展预防校园欺凌的培训,帮助父母提高识别校园欺凌迹象的能力,培养父母观察孩子的敏感性,及早发现、及早沟通、及早处理校园欺凌事件。学校设立预防校园欺凌热线电话,让学生或家长及时报告、及时得到援助。

3. 设置预防校园欺凌专职岗位

《关于开展校园欺凌专项治理的通知》中强调:"各校要制定完善校园欺凌的预防和处理制度、措施,建立校园欺凌事件应急处置预案,明确相关岗位教职工预防和处理校园欺凌的职责。"明确要求把治理校园欺凌纳入学校制度管理的范畴,责任落实到人。一旦学校出现校园欺凌事件,责任人要彻查事件起因、结果,有效回应事件当事各方,并妥善处理好。责任人必须经过专门训练,掌握处理校园欺凌事件的技能,并能得到相关技术支持。只有设置这样的专职岗位,才能更好夯实校内外安全防范工作,加大群防群治力度,动员全社会的力量共同治理校园欺凌现象。

(二) 依法严惩

学校要积极有效预防学生欺凌事件的发生,要依法依规处置学生欺凌事件,切实形成防治校园欺凌的工作合力。学校可以建立强制报告制度,班主任、教师以及学校所有为学生服务的人员,在发现校园欺凌暴力等迹象时,有义务立即向学校领导及相关部门报告,知情不报者将受到处罚。学校要落实发现、调查、处理校园欺凌事件的责任主体,对于情节较轻的欺凌事件,学校应当严格按照规定,对有此类行为的学生做出参加义务劳动和纪律处分等处罚,并将学生的受处分情况及改正情况记入学生的成长档案。对于较为严重的欺凌事件,学校应积极要求并配合警方和司法部门的介入,加大对施暴者监护人的惩戒。同时,学校要积极保护未成年人合法权益,严禁泄露遭受欺凌和暴力学生以及知情学生的个人隐私,保护其身心安全。特别要防止网络传播等因素导致事态蔓延,造成恶劣社会影响,导致被欺凌学生再次受到伤害。

(三) 综合治理

校园欺凌作为一种复杂的社会问题,其预防和治理也应该基于社会综合性视野,单纯依靠学校和公安机关的力量恐怕难以承担校园欺凌现象的防范任务,校园安全的维护、学生欺凌现象的预防和治理不能脱离社会的积极参与,应多管齐下,采取广泛的社会预防措施。学校要与社会各界积极配合,成立防治校园欺凌和暴力应对小组,形成政府统一领导、其他机构共同管理、学校及家庭共管共治的全面治理机制,做好任务分工,明确自身职责,强化预防和治理的方式方法,积极处理校园欺凌事件。学生深受生活和学习环境的影响,学校应加强对于学习和生活社区环境的统筹管理,创造和谐的生活环境,保障学生身心免受侵害。此外,应建立丰富多彩的校园文化,增设生活与娱乐设施,满足学生生活、娱乐需求。同时,强化校园治安管理,加强对校园内部及周边各区域的巡查,保障学生的安全,防止学生打架斗殴、欺负侮辱等行为。

校园欺凌的治理工作任重道远,要从注重事后惩戒转向涵盖事前、事中和事后的综合治理,要与各职能部门、社会各界力量、学生家长共同参与,通力合作,才能为孩子们编织一张有效防治校园欺凌的安全网。

参考文献

1. 王惠娴,郁苏岩,杨丽.校园欺凌事件的法律干预［J］.法制与社会,2017（3）.
2. 刘文利,魏重政.面对校园欺凌,我们怎么做［J］.人民教育,2016（11）.
3. 张谨.校园欺凌的治理研究［D］.硕士学位论文,2017（3）.

浅析小学教育质量管理问题及对策

摘要：我国小学素质教育的意义和重要性日益增强，关系着未来教育和人才发展的方向和趋势，其中加强小学教育质量的管理是各个学校立身和持续发展的重要基础，加强对小学教育质量的管理也是进一步提升我国小学阶段教育水平的重要条件。我们要不断进行探索和反思，改革小学教育管理模式，完善教育质量管理体系，创新管理的方法，促进现代小学教育事业的更快更好发展。

关键词：中小学义务教育；质量管理；教育问题；对策

小学阶段素质教育是新时代教育事业的基础，对学校和个人未来的发展有着极为重要的意义和影响。《国家中长期教育改革和发展规划纲要》中明确指出，要把加强和提高教育质量管理作为教育改革和发展的一项核心目标。因此，小学阶段的教育质量管理就成了我国教育管理的核心任务。如何更科学、更高效地实施小学教育质量管理，是首先要考虑和面对的一个问题。

面对不断变革和飞速发展的现代社会，只有创新教育和教育质量管理模式，才能在小学素质教育改革的时代洪流下稳步前行，营造健康、积极的教育发展环境，与时俱进，促进我国小学教育事业的健康可持续发展。本文从实际出发，总结和归纳了当前小学教育质量管理工作中普遍存在的情况和问题，并对产生这些问题的原因进行分析，研究提出进一步加强小学教育质量管理的措施和建议。

一、当前小学教育质量管理工作存在的主要问题

（一）学校教育质量管理系统不完善

义务教育初始阶段是少年儿童逐步形成正确的世界观、人生观的关键时

期，随着信息化教育的蓬勃发展，学生的信息化观念和心理认知也在不断发生变化，因此，学校教育教学也必须依据时代要求而做出变革，这就要求学校必须拥有一支高素质、高效率的管理队伍。现如今，很多学校选择的专业教师都具有较高的学历、文凭，但普遍缺少真正专业、有实力的管理人才。很多学校从教学工作的第一线选拔教学优秀的教师直接进入教育管理岗位，其中有相当一部分没有进行过专业的管理技能培训。虽然他们有丰富的教学经验，对教育质量管理的实践却是一片空白。这就造成了整个管理过程繁杂、老套，用人机制不健全、不完善，淘汰机制不具体、不完整，各项管理工作职能不明确等诸多的问题。

（二）教育质量管理制度不改革

近几年我国在经济、科技等领域综合实力不断提升，很多国际大赛都已经有了中国优秀选手的身影，但是一些社会问题也逐渐暴露出来。比如为什么西方国家一个接一个获得诺贝尔奖项时，我们仅有莫言、屠呦呦等寥寥几人登上了诺贝尔奖的最高领奖台？我们的小学基础教育有完整的课程体系，有强大的教师团队，缺少的就是对于教育质量管理的重视与变通。

教育质量管理是教育之"本"，是一个学校发展和前进的动力。要想切实提高当前的小学教育质量，各级各地教育管理部门和学校就必须着手优化教育质量管理制度。目前有部分学校仍然是使用老套、陈旧的管理制度，压制了学生的个性发展，对于教师的课堂评价"重智轻德"，致使一部分学生成绩越来越差，教师越来越不敢突破创新。

（三）对教育质量的评价不规范

目前很多城市和地区已经出台了取消大班额的相关政策，但是不同地方的不同学校班级规模也是千差万别。有些重点学校虽然严格地控制了每班的学生人数，但是学生的总数依然很大，这对于教师教学的质量和实际效果有所影响；而在部分乡镇或农村学校，各个年级之间学生人数差距极大，甚至有的每个年级学生不足十人，存在教育资源的严重浪费现象。实际情况不同，相对应的学校教育质量和评价的方法也要"因校制宜"。

规模较大的学校，校领导无法进入全部班级仔细检查教师的授课、工作情况，现有的教育质量管理人员普遍缺乏课程设计与教学综合评价的能力，对于教师的教学管理相对薄弱；规模较小的学校，教师培训工作缺乏系统性和规范性的安排，有些学校在校本研发和信息技术应用等方面缺少专业化的人才队伍，严重制约了学校教育质量的进一步提高。

二、当前小学教育质量管理主要问题的原因分析

（一）传统观念束缚

新课改的基本理念之一就是要关注学生和教师的成长。新课改背景下的课堂教学必须以学生为主体，树立学生发展为最根本的教学理念。但是由于长期传统应试教育观念的影响，中小学的教学质量管理依然更多是倾向于管理教学的成果而非过程，管理技术无法与先进的现代化教学理念进行有机融合，致使小学教育质量管理系统一直都处在高度封闭状态，无法很好地适应现代教育和社会的需求，成为阻挡中小学教育质量管理技术进步的重要原因之一。

（二）学校监管欠缺

很多学校为了本校教育质量的监测与管理建立了工作的体制与框架，但在实际实施中，分工不够明确，专业的管理培训不到位，对教师教学的管理仅停留在约束、限制的阶段，没有合理的奖励机制。有些学校将质量督导与实际教学分离，实际教学所需要的实验室、图书室、器材室的硬件设施无法得到满足，很大程度上制约了教育教学质量管理的提升。

（三）教师角色转换意识不强

在传统教育观念里，教师是教学的主导者，学生只会机械地听、记。但随着现代人们对"育"的认知提高，学生的课堂主体地位得到广泛认可，这就对教师角色的自主性转换提出了新要求。首先，教师的工作职责不再只是灌输知识，而是引导、鼓励学生独立思考、激发潜能。其次，除了要传授课本上的文化知识，教师还要密切关注学生的综合发展、学习能力、实践能力等，从根本上提高学生的课堂自主性、积极性。由此，教师在面对新观念、新教学思想时自我角色转换的意识和积极性不强，均已成为小学教育质量难以有效管理的一个重要原因。

（四）家庭教育重视程度不够

学生的行为习惯、素质高低有很大一部分直接受家庭影响。因为工作、生活的双重压力，很多学生家长对孩子的家庭教育不够重视，很多时候只停

留在表面形式。有些是由于家长对孩子溺爱,不给孩子做必要的督促和引导,致使他们严重缺乏自主性、独立性;有些家长对孩子是否健康成长关心极少,亲子关系淡薄,没有对孩子进行正确的家庭监管。这些不科学、不到位的家庭教育直接影响到了学生在校期间的学习习惯,在一定的程度上也影响了学校教育质量的管理与提高。

三、进一步加强小学教育质量管理的建议

(一)根据学校、教师及学生的发展需求,完善教育教学管理体系

学校要健全教育质量管理体制,着眼于师生的发展需求,对传统管理模式进行改革。培养一批专业的教育管理人才,制订切实有效的管理人才培养计划,提升教育质量管理队伍的整体管理水平。各级各地教育监管部门要进一步加强对教育管理的研究和指导,设计一系列符合师生共同成长规律的教育管理办法。针对管理系统中已经普遍出现的问题,教育监管部门要予以高度重视,及时对其管理策略和方法做出调整。

(二)进一步加强学校的管理培训工作,提升教师综合素质

提高小学教育质量管理水平,学校教师队伍的管理和建设是重中之重。学校要进一步加强对教师基本教学知识和技能的管理,开展日常管理培训,完善教师的终身学习机制,促进教师的角色、观念的快速转换。教师可以课题研究项目为主要抓手,研究开发有当地特色的校本课程,以"研"促"教",鼓励教师提升自身专业技能,提升教学质量。作为管理者,应对学校教师进行家庭教育的培训,增强教师的家庭教育能力,并且积极组织教师与家长共同学习,同时进行意见反馈和交流探讨,学习科学的家庭教育观念,可以提升教师综合素质。

(三)建设合理的教育质量评价体系,完善激励和竞争机制

教育质量的评价没有一个固定的衡量标准,传统的教育质量管理模式总是以学生的考试成绩对教师的教学水平做出评价,对于学生的学习能力、综合素质却很少涉及。随着新课改的持续深入,新的教育质量评价体系也基本形成。教学与学生实践的全部过程都必须成为教育质量评价的依据,从如何实现师生协同发展的角度出发,将其是否能够有效激发学习兴趣,能否引导学生积极自主参与探究等都纳入教育质量评价标准,根据学生真实的反馈结

果来调节教师教学方法。以此评价标准为基础，学校需要建立合理的激励和竞争机制，适当的激励和竞争能增强师生们的信心。另外，教育质量评价主管部门一般在每学期对各校都进行一次教育质量评估和调研式的考试，以此促进各校、各科的教育质量实现均衡发展。所以，有了合理的学校教育质量调研和评价的体系，再通过激励和竞争机制的鞭策，小学教育质量管理便能稳步提升。

（四）坚持严抓课堂教学活动，促进教育质量管理细化

课堂是学生学习的根本，一个学校的教育质量好坏，很大一部分也是体现在课堂教学上，加强教育质量管理，首先就要严抓课堂教学活动。

一要强化备课工作，定期组织科组教师集体备课。通过备课研讨发现问题共性，帮助经验少的教师解决教学中的难点。同时，对教师备课要求有自己的特点，不能千篇一律，要在规范的基础上多层次、多角度地改革创新，使之更易于被学生接受。

二要优化课堂教学，强化对课堂的指导。通过组织教师开展公开课、竞赛课等活动，对课堂教学进行量化评价，发掘有实力、有潜力的教师进行表扬，对教学中容易出现的问题归纳共性，个别问题单独沟通，保证教学质量有评价、有反馈、有落实。

三要重视课后辅导，提升对课后作业的管理。课后作业是对课堂教学的延续，既不能对学生造成过重的负担，也不宜完全放松。因此，严抓课堂教学活动也要提升对课后作业的管理，要求各年级学生作业量规范统一，防止出现增加过多作业量问题。

（五）改革传统课堂教学的模式，更新教师课堂教学的理念

坚持"以人为本"的教育原则，学校应对原有的传统教学模式进行改革。这种课堂教学改革不仅仅是对教学内容的一次升级，更是对传统管理模式的改变。教师首先要树立正确的"质量观"，聚焦核心素养的培养，激发学生的主体意识，注重对学生的道德思想、文化素养、创新精神、实践能力等方面进行综合评价，对学生考试成绩的重视要有一定的限度，不能一味以成绩做标准衡量，更要为学生的未来成长做考虑。为此，教师要更新自己的教学理念，积极参与培训学习，深入观察学生学习的特点和思维模式，从学习者的角度进行思考，真正成为学生健康成长的引导者、陪伴者。

（六）创设舒适的教学环境，营造和谐的班级氛围

一个好的教学环境必然是提升一个学校教育质量的重要配置，教育管理者应该为师生创设舒适的校园环境，配备教学必需的现代化设备，尤其是在网课被广泛应用的当下，现代化教学设备必然是辅助教师教学的利器。其次在日常管理中，需要注意教室的装饰、课堂纪律的建立和保持、优良班级风气的培育和形成。一个有着积极向上氛围的班级，才能对学生的成长起到积极的作用。反之，氛围不好的班级必然会直接影响到教师和学生综合素质的发展和提升。

少年儿童是祖国的未来，小学阶段的学习是一个人一生的精神基石，小学教育质量的监督管理工作是提升我国基础教育成效的关键。因此，各级教育质量监管部门以及各学校领导要进一步提高认知，加强对小学教育质量管理工作的重视程度，对实际问题进行总结和反思，根据实际情况研究改进和完善措施，稳步提升小学教育质量，为推动我国教育事业的可持续发展提供有力的保障。

参考文献

1. 刘俊利. 教育质量提升视角下的教师发展学理探析［J］. 中小学教师培训，2018（9）.
2. 杨光寿. 新课改理念下小学教育管理探讨［J］. 中华少年，2017（35）.
3. 韦荣东. 小学教学管理工作中存在问题与对策探析［J］. 中国校外教育，2015（28）.
4. 房建仁. "以人为本"理念在小学教学管理工作中的影响及启示［J］. 中国校外教育，2014（17）.
5. 刘肖. 对实施教学质量过程控制的浅显思考［J］. 课程教育研究，2014（14）.
6. 柳文斌. 新课改背景下小学教育教学管理问题探析［J］. 才智，2014（32）.
7. 曾鸣. 小学教育专业教育实践课程探析［J］. 宁波大学学报（教育科学版），2013（6）.
8. 肖平. 新课改背景下小学教育教学管理问题探析［J］. 新课程学习，2013（4）.

双减双推双增强，真干真抓真创新

——2021年度教学视导汇报材料

济宁市东门大街小学始建于1948年，目前共有东门校区、文体校区、创业城校区、运河校区四个校区。学校现有学生6609人，共129个教学班，在编教职工309人。

学校坚持"让每一位学生成为最好的自己"的"适美教育"办学理念，通过"以文化引领方向，以课程推动发展，以特色提升品质"的办学思路，按照"文化共融、资源共享、合作共赢、品牌共创"的集团化办学模式，促进了学校多校区"和谐同步、特色彰显"的优质均衡发展。

本年度，在区教研中心各位领导、各位专家的关心指导下，我校针对办学规模持续扩张、青年教师迅猛增多的实际状况，以优化线上线下混合式校本研训，确保教学质量为着力点；以聚焦核心素养，强化深度学习为关键点；以积极研发三级课程，打造办学特色为创新点，不断夯实教学常规、创新教学改革，各项教学工作蓬勃向上、协调推进，实现了新时代的新发展。

一年来，我校先后荣获全国五育融合实践联盟校、山东省中小学校"一校一品"党建工作品牌示范校、山东省中小学课程实验基地、山东省文明校园、山东省国际象棋特色学校、济宁市小学教育教学工作先进学校、济宁市教育系统群众满意先进学校、任城区教学先进单位等多项荣誉称号，赢得了社会各界的广泛赞誉。

一、规范办学强管理

（一）因校制宜设置课程方案

严格执行国家课程方案，积极进行国家课程校本化、地方课程本土化、校本课程特色化的实践探索。从"德育课程（立德）、健康课程（固本）、人文课程（至善）、科学课程（求真）、艺术课程（尚美）、实践课程（创新）"六大领域，构建了"国家课程保大局，特色课程显魅力"的一体两翼式的东门"适美教育"课程体系。

2021年3月，获评山东省中小学课程实验基地；2021年3月，获评全国五育融合实践联盟校；2021年5月，时秋静校长在山东省基础教育美育工作研讨会上进行了题为《美育课程和课程美育一体化推进的实践探索》经验介绍；2021年11月，我校《基于文化传承的〈童心·印迹〉版画课程开发》和《美育课程和课程美育一体化推进的实践探索》在济宁市任城区首届区级基础教育教学成果奖评选中荣获特等奖。

（二）有效"五管"促进"双减"落地

1. 深化作业教学改革。学校积极践行作业管理的相关规定，实行作业闭环式管理。

（1）强化作业管理。我校提出"集体研究，精心设计，面向全体，尊重差异"16字方针，制定了学校作业教学指南，明确指出作业设置要夯实"五个无"：无一二年级书面家庭作业、无手机打卡作业、无家长批改作业、无布置后不批改现象、每月一次"无作业日"。

（2）优化作业设计。各学科研究制定学科作业设计细则，进一步规范学科作业设置的类型、数量、时间及批改要求。我们将作业划分为课堂作业、家庭作业两部分，家庭作业又细化为基础性作业、拓展性作业，其中拓展性作业分三个层次，由不同层次学生自主选择。通过优化作业设计，处理好"长与短"的关系，研发实践性"长作业"；处理好"快与慢"的关系，凸显分层弹性作业；处理好"内与外"的关系，探索项目化作业。

（3）深化作业评价。我校采用等级评价，运用激励性评价语言和评价符号鼓励学生，各学科各班级每周评选班级优秀作业，学校每学期举行学生"最好的自己"优秀作品成果展、教师学科优秀作业设计成果展。

2. 课后服务打造温馨时刻。我校高度重视课后服务工作，扎实落实"5+2"，积极探索"1+1"课后育人新课题：作业辅导1课时，指导学生在校内基本完成作业；多样化素质拓展1课时，满足学生个性化和多元化发展需求。

3. 手机、读物、睡眠、体质四项管理齐头并进。严禁学生带手机进校园，实施睡眠管理调控单，细化读物管理，重视身心健康。坚守"无体育不教育"的理念，通过特色课间操、多彩体育活动保障每天校内1小时体育活动时间，每天科学设置体育健身作业。2021年，女子篮球队在全区小学生篮球联赛中荣获冠军，女子足球队在全区小学生足球联赛中荣获季军。

（三）考试改革助力增值评价

贯彻落实《义务教育评价指南》《关于加强义务教育学校考试管理的通知》等系列文件精神，坚持"多一把评价的尺子就多一批幸福的孩子"的评价理念，连续4年开展"适美好少年"系列评选活动，积极改进结果评价，强化过程评价，探索增值评价，健全综合评价。

二、研训一体抓师资

（一）聚焦校本培训，提升教师素养

1. 狠抓师德师风建设。通过集体宣誓、签订承诺书、师德报告会、师德标兵评选、包保责任和定期谈话制度等举措，强化全体教师"为党育人，为国育才"的使命感和责任感。2021年5月，我校获评济宁市教育系统群众满意先进学校；11月18日，时秋静校长在全区满意度工作会议上进行了经验介绍。

2. 不断优化"1+N"模式。通过成立东门大街小学教师专业发展委员会、名师工作室、青年俱乐部、师徒结对发展共同体，开展党支部"彩虹专业行动"等举措，不断优化基于"同伴互助、携手共进"理念的"1+N"教师团队发展模式。2021年7月，获评山东省中小学校"一校一品"党建工作品牌示范校。

3. 订单培训量体裁衣。青年教师根据自身实际制订个人发展规划，上交发展意向书，确定培养层次，学校开设"菜单式"自选培训课程。课程设置有钢笔字、毛笔字、普通话、课件制作、线上教学技术、班主任管理技巧等。老师们自主选择学习内容、时间、方式和场合，更加灵活地进行个人修养和专业能力的提升。2021年10月举行了新入职教师见面课评选活动，11月举行了青年教师学科教学技能展示评选活动和课标教材教法检测。

4. 持续邀请专家帮扶。济宁市教科院今年将我校确定为第五批小学教育教学重点联系学校。2021年9月15日，市教科院专家们到校进行了教学视导

暨教师教学技能培训活动。9月30日，市教科院领导再次到校进行调研工作，召开了以"强课提质　减负增效"为主题的市区校协同教研暨重点联系校交流活动。区教研中心各位专家经常到校指导学校教学改革。此外，学校还邀请北京师范大学、华东师范大学等高校专家通过线上线下混合式方式对全体教师进行专业引领。

（二）坚持"五维同步"，深化强课提质

结合集团化学校办学实际，我校完善了"随堂即时教研、天天网络教研、单周小教研、双周大教研、每月专题教研"的"五维同步"校本教研体制，进一步深化了"适美课堂"的研究。

努力探索体现深度学习四大维度的"适美课堂"教学模式，即设计高认知水平的学习活动、组织对知识意义的主动探究、引导学生全身心投入、开展师生间生生间积极对话，促进学生"乐知、乐思、乐学、乐问、乐研、乐评"，让深度学习真正发生，让学生真正成为课堂的主人。

在强课提质的研究中，学校尝试进行了"三化""三有"备课改革：(1) 知识条件化，让教材内容变得有深度、有情感，以实现教学内容的"有趣"；(2) 知识情境化，让学生解决真实世界中的问题，以实现教学内容的"有用"；(3) 知识结构化，以帮助学生理解、记忆和迁移，实现教学内容的"有意义"。

学校紧紧围绕强课提质，积极构建各学科"适美课堂"教学模式。上学期，开展了各学科"适美课堂"基本教学模式研究，初步形成了语文学科"适趣导课，揭示课题—初读交流，整体感知—探究交流，适当评价—巩固梳理，迁移应用—归纳总结，适度拓展"基本模式，数学学科"适趣情境，导入新课—适宜任务，研学新知—适度拓展，深入提升—适当评价，归纳总结"基本模式，英语学科"适趣导入—适时呈现—适度操练—适景拓展"基本模式，等等。

本学期，在学科基本教学模式的基础上开展了同一学科不同课型的研究，如语文学科开展了"识字写字""习作"课型教学模式的研究，数学学科开展了"计算""统计与概率"课型教学模式的研究等，进一步深化了追求深度学习理念下的"适美课堂"教学模式的研究，真正实现了深度学习、强课提质。

学校在进行备课改革和"适美课堂"教学模式研究的同时，积极承办了济宁市体育与健康教育学科教学研讨会，王成君副校长做了题为《适美教育

强素养　特色体育耀东门》的学校体育工作典型经验介绍。学校还先后承办了市道德与法治、语文、美术、班主任四项教师教学基本功评选活动，区思政课、数学、英语等学科教学研讨活动。

　　基于"生根校园、直抵教师、强课提质"理念的研训一体化措施，促进了教师专业素养和学校教育质量的快速提升。一年来，2位教师分别在济宁市小学数学深度学习教学研讨会、市小学思政课骨干教师培训活动中执教公开课，3位老师被推荐参加市基本功比赛，8位教师在区级教学研讨活动中执教研讨课，13人在区教学研讨活动中做典型经验介绍，3位教师经市区教研部门推荐参加了教育部"基础教育精品课"遴选活动。2021年11月，学校荣获区小学教学工作先进单位第一名。

三、求是求新出特色

　　学校在推动"适美教育"改革的过程中，敢于在创新中出亮点，勇于在特色中铸品牌，已初步实现全体学生"人人有特长，生生有亮点"的良好育人成效。

（一）艺体特色百花齐放

　　学校全面启动艺体教育"2+2"项目工程，即每个学生至少掌握2项体育运动技能和2项艺术技能。

济宁市东门大街小学"适美"特色课程一览表

学科	校区	特色课程
音乐	东门校区	合唱、陶笛
	文体校区	葫芦丝、舞蹈
	创业城校区	陶笛、合唱
	运河校区	葫芦丝、竖笛
体育	东门校区	武术、国际象棋、篮球
	文体校区	韵律操、足球、排球
	创业城校区	排球、足球
	运河校区	花样跳绳、少年拳
美术	全校	版画、书法

（二）一校多品初显成效

中医药文化课程深受学生和家长们的热烈欢迎；场馆教学实现了"小切口大世界"的育人成效；2021年3月《版画》校本课程被山东省教科院评选为优秀校本课程；6月，师生装置作品《版·生辉》《花·似锦》在"庆祝中国共产党成立100周年山东省中小学美术教育成果展"上进行展示；2021年8月，学校获评山东省国际象棋特色学校。天音合唱团在济宁团市委建队节庆祝活动中展示大合唱《星火》，赢得与会人员高度评价。

（三）"5节活动"五育并举

学校每年都举办"悦·读"读书节、多彩艺术节、创新科技节、快乐体育节、光荣劳动节。丰富多彩的活动课程，助推了学生个性化发展，一大批优秀东门学子茁壮成长。2021年6月，赵星涵同学被评为山东省新时代好少年。

四、家校共育同发展

学校通过健全家委会、定期召开家长会、建立家长学校、全员教师大家访、优秀家长评选及经验介绍、开设家长课程、举办家长开放日活动、坚持"民意5来听"——校长接待日、"特别的爱给特别的你"——关注特殊儿童系列活动，融合家校关系，初步形成家校合力共育共赢良好态势。

思深以致远，谋定而后动。在今后的工作中，我校将进一步提高课堂教学质量，聚焦作业教学改革和强课提质，勇于积极探索，全面推动思想升级、行动升级、效果升级，推动学校高品质发展、服务区域教育发展的新格局。

二

适美德育篇

党旗映彩虹，师生共成长

——山东省中小学"一校一品"党建工作品牌示范学校汇报材料

品牌标识：

党旗映彩虹，师生共成长

品牌理念：

以习近平新时代中国特色社会主义思想和党的十九大精神为指导，全面贯彻党的教育方针，服务学校"适美"办学理念——"让每一位学生成为最好的自己"。以立德树人为根本任务，发挥党支部的战斗堡垒作用和党员先锋模范作用，全面做好教育教学等工作，不断提高学校教育教学质量，让每一位师生都能成为最好的自己。

品牌含义：

济宁市东门大街小学党建彩虹行动，品牌标识中间是党徽，周围是一道彩虹。中间的党徽体现坚持党领导学校的一切工作，突出了党的核心地位；一道彩虹将党组织和党员、党员和群众、党员和党员紧紧连在一起，紧密团结在党中央周围，共同做好学校的教育教学工作，师生共成长。

彩虹谈心行动拉近你我距离

根据党组织生活"谈心谈话"制度要求，建立党员教师"包保责任制"，每位党员主动结对若干名非党员教师，实现谈心活动全覆盖。通过"1+N"模式的谈心活动，全面及时了解群众所需，急群众之所急，想群众之所想，凝聚人心，鼓足干劲，做到思想上时刻与党中央保持一致。

彩虹专业行动引领教师成长

积极开展党员示范岗、党员示范课、师徒结对发展共同体等教育教学活动。在党员骨干教师的引领下，学校开展了"基于课程标准，朝向核心素养"为主题的校本教研系列活动。通过"聚焦课堂、聚力教研、多措并举"的校本教研工作，逐步形成了"随堂即时教研、天天网络教研、单周小教研、双周大教研、每月专题教研"的"五维同步"校本教研体制，有力推动了教研活动的深入开展。党总支书记、各支部书记均率先垂范执教示范课或进行专题讲座，充分发挥专业引领辐射作用，党员骨干教师积极响应，人人执教公开课，促进了教师专业素养的快速提升。

彩虹温暖行动感受爱的力量

学校是一个温暖的大家庭，党总支时刻关心每一位师生。我们建立了困难师生档案，经常与他们聊天谈心，了解他们的困难和需求。每年春节、儿童节、中秋节前夕，党总支和各支部都走访慰问困难师生，给他们送去节日礼物和祝福，让他们时刻感受到党组织的温暖。同时，党总支书记亲自走访退离休的老校长，询问他们的身体健康情况，介绍学校的最新发展情况，征求学校今后发展的意见和建议，共同谋划学校的长远发展蓝图。

彩虹志愿行动共建和谐社会

学校坚持"学习弘扬雷锋精神，全心全意为人民服务，共建文明和谐社会"的宗旨，组建了由党、团员教师组成的志愿者服务队。该服务队经常利用节假日走进社会大家庭，积极组织开展志愿服务活动。彩虹志愿行动撑起了一片蔚蓝色的天空，在这片天空下，人与人关系更加融洽，社会氛围更加和谐，志愿服务队用青春之歌书写着新时代的雷锋精神。

适美德育，向美生长

——济宁市东门大街小学"适美德育"纪实

济宁市东门大街小学始建于1948年，目前共有东门校区、文体校区、创业城校区、运河校区四个校区。学校现有学生6609人，共129个教学班，教职工309人。学校树立了"让每一位学生成为最好的自己"的办学宗旨，坚持"适其性，美其美——让每一位学生成为最好的自己"的"适美教育"办学理念，继续践行"赏识生命、滋润心灵、启迪智慧"的教育价值观，大力弘扬"厚德致远、敢为人先"的学校精神，通过"以文化引领方向、以课程推动发展、以特色提升品质"的办学思路，按照"文化共融、资源共享、合作共赢、品牌共创"的集团化办学模式，促进了学校多校区"和谐同步、特色彰显"的优质均衡发展。

学校始终将立德树人作为根本任务。多年来，学校开发、探索德育的新方法、新思路，以聚焦核心素养、积极研发校本课程、打造德育特色为创新点，让课程滋养学生心田，用智慧促进学生发展。

一、扣好人生第一粒扣子，争做新时代好少年

学校积极践行五育融合、五育并举，着力培养"德、智、体、美、劳"全面发展又富有特长的"适美好少年"。

（一）开展评选活动，传递榜样力量

每学期，学校认真策划、组织，以层层推荐的方式，全面开展"适美好少年"评选活动。在评选中，一批又一批"适美好少年"脱颖而出。他们或品行端正，或学习优秀，或文明守礼，或热爱劳动，或独具特长，各自以其出色的表现成为队员们学习的榜样，传递了积极向上的榜样力量，让整个校

园形成了人人争做好少年的浓厚氛围。

（二）创新红色教育，传承红色基因

习近平总书记强调，新时代少先队员要高举队旗跟党走，传承红色基因，争做时代新人。遵循总书记的要求，学校结合工作实际，不断丰富活动内容、创新活动形式，积极探索既符合儿童特点又彰显时代主题的红色基因内容和载体，将红色文化融入日常教育活动。在学党史、学队史、学队章、上主题队课等红色基因教育的基础上，学校还组织党员辅导员老师讲队课、少先队干部讲队知识。在六一前夕，通过线上线下相结合的形式进行队前教育，让一年级学生在"六知、六会、一做"中积极向组织靠拢。

与此同时，学校组织的《学队章，明要求》《我爱红领巾》主题队课、"红领巾心向党，争做新时代好队员"建队节主题队日活动、"传承红色基因，童声唱响校园"合唱比赛、"学党史，立志向，争做新时代好少年"主题教育、"红领巾讲解员讲党史故事"等少先队主题教育活动，让不同年级的队员持续接受队组织教育和红色教育熏陶。

为向建党100周年献礼，自2021年寒假开始，学校创新工作思路，推出独具特色的"红色课程五个一"活动：看一场红色电影、讲一个红色故事、唱一首红色歌曲、朗诵一首红色诗歌、开展一次红领巾红色研学，把红色教育从校园引入家庭与社会，引导队员人人争当红色小先锋。

一系列传承红色基因主题教育活动，既让学生接受了红色洗礼，坚定了共产主义信念，更受到了学生家长和社会各界的广泛赞誉。

（三）立足民族节日，传承中华传统文化

中华优秀传统文化蕴含着民族精神和道德理念，是国家、民族的精神命脉，是新时期少年儿童思想道德建设的重要内容。济宁作为孔孟之乡，拥有得天独厚的儒家优秀传统文化优势。结合学校传统文化特色校本课程，结合春节、清明节、端午节等中华民族传统节日，积极开展"我们的节日"系列活动。

"舌尖上的春节"——包饺子、蒸花糕，制作传统美食；"寻"年味——贴春联、剪窗花；"闹元宵，猜灯谜"——制作灯笼；"浓情端午，粽叶飘香"——包粽子、做龙舟；"团圆中秋，月儿圆"——做月饼、诵诗词；"爱在重阳"——去养老院看望老人；戏曲进校园；传统体育五禽戏、八段锦、太极扇进课堂；中医药、版画进课堂；经典古诗词诵读等主题教育活动，让少先队员全面感受传统节日的魅力。

（四）挖掘雷锋精神内涵，创新学雷锋形式

习近平总书记说："雷锋精神是永恒的，是社会主义核心价值观的生动体现。"学校始终坚持用雷锋精神推动青少年思想道德建设，深入挖掘雷锋精神的时代内涵，对青少年进行雷锋精神的教育、影响和熏陶。学校将每年的3月定为学习雷锋月，开展永远的怀念——"雷锋精神"照我心、身边的寻访——"当代雷锋"伴我行、春天的行动——"小雷锋"送春风等系列活动。通过组织学生开展"我眼中的雷锋"小论坛，寻访凡人善举中的雷锋精神，组建"小雷锋"志愿服务队，积极参与学雷锋志愿服务等，引导学生在活动中感悟、践行雷锋精神，传播正能量。学校开展的学雷锋系列活动，让青少年持久深入地学，扎根实际地学，把崇高理想信念和道德品质追求转化为具体行动，体现在平凡的学习生活中，使雷锋精神代代相传。

（五）积极开展心理健康教育，培养新时代阳光少年

学校围绕"阳光成长"主题，结合深化创建文明校园工作，加强心理咨询室的建设，加强心理咨询教师队伍培训，并定期开展内容丰富、形式多样的心理健康教育系列活动。通过开展专题讲座、主题队会、校园文体活动和社会实践等活动，对全体学生进行生理、心理健康知识宣传和普及，并充分利用校园广播、宣传栏、校刊校报等传统宣传渠道，发挥校园网、公众号、微信群等新媒体传播优势，提升家长对孩子心理健康的关注度，切实增强心理健康教育的工作实效。

二、精心开发"劳动最光荣"特色德育课程

为全面贯彻落实《关于全面加强新时代大中小学劳动教育的意见》精神，学校立足学生核心素养发展，围绕"让每一位学生成为最好的自己"的办学理念，在夯实国家课程的基础上，以"爱劳动、爱生活、乐探索、乐创造"为教育目标，开发劳动教育系列课程。以润物细无声的方式将"立德树人，劳动为先"融入劳动教育的方方面面，开启学生成长的新旅程。

结合学生年龄特征和实际情况，引导学生积极参与主题劳动活动。学校将每年5月的第一周设立为"劳动周"，并在日常教育教学中推出各类劳动教

育举措，弘扬劳动精神，增强劳动意识，加强对学生的劳动教育和指导。

家庭是培养学生劳动教育最好的基地，学校重视学校、家庭、社会三方联动，把劳动教育延伸到家庭教育中。根据不同年龄段学生的生理、心理特点，精心设计了不同年级的家庭劳动教育实践活动，开展"居家劳动小达人"评选活动，孩子们一个个变成了"整理小能手""劳动小达人"。在居家抗疫期间，学校大队部录制了"居家抗疫话劳动"主题云队会，组织学生学习交流。孩子们在家长的耐心指导下，纷纷开始了"舌尖上的童年"之旅，淘米、洗菜、做菜……或烹饪美食，展现无限创意；或学包饺子，在劳动中收获快乐，传承"家的味道"。

学校还将劳动教育与公益志愿服务活动相结合，不仅引导学生参与垃圾分类、植绿护绿、变废为宝等校内志愿服务活动，而且鼓励学生到校外积极参与创建文明城市等活动，对学校周边的道路以及道路两边的绿化带进行彻底大扫除。多种活动使学生认识到在养成良好卫生习惯的同时，也要自觉地遵守公共秩序，自觉保持公共卫生，不断提升他们的公民意识和社会责任感，一起为文明城市的建设贡献力量。

在做好劳动教育课程建设的同时，下一步学校将因地制宜，结合特色主题活动，建设校内种植实践基地"快乐农耕园"，带领学生还原真实的劳动情境，引导学生在劳动中真切地感知劳动人民的智慧，体会"谁知盘中餐，粒粒皆辛苦"的深刻内涵。

三、立足生活，打造"适美"特色德育，体验中见成长

以学校"适美"课程体系为基础，在做实、做细常规活动的基础上，努力构建基于校情、学情的体验式德育活动课程——"适美"德育课程。立足于生活，为学生打造富有生机的体验式教育"生态场"，培养学生将经历的、体验的、反思的教育过程，转化为良好的行为习惯、内化为个性的精神品格，获得健康快乐的成长。学校力争让每一个鲜活、灵动、富有个性的孩子成为独特的、最好的自己。

(一)"适美"主题月，让课程内容更多彩

围绕体验式"适美"德育，以每月大事记为主线，积极开展"适美"主题月活动。(见下表)

"适美"主题月德育内容			
1月	理想信念激励月	7月	童心向党学习月
2月	传统节日文化月	8月	社会活动拓展月
3月	雷锋精神传承月	9月	文明习惯养成月
4月	悦读鉴赏主题月	10月	爱国奉献励志月
5月	劳动锻炼践行月	11月	诚信自律主题月
6月	适美成果展示月	12月	法制安全教育月

学校少先队将10月定为爱国奉献励志月，开展"习爷爷教导记心中"国旗下讲话、"我和国旗合个影"、"传承红色基因，童声唱响校园"合唱比赛、"红领巾心向党，争做新时代好队员"建队节主题队日活动，设立周末红色电影厅，播放、推送爱国主义教育影片，引导学生在一次次参与和体验中共同奏响爱国励志的赞歌，收获成长的力量。

（二）幸福开学礼，让德育更有温度

让教育充满温度，充满仪式感。在这一思想的引领下，学校在做好升旗仪式、入队仪式等基本仪式教育的基础上，抓住开学季这一特殊时间节点，初步形成了既符合实际又具有学校特色的入学仪式教育。在9月的入学礼中，学校会为一年级新生精心布置校园环境，为他们定格校园里最美的瞬间，为他们用心准备入学大礼包。

2021年牛年开学第一天，学校大队部举行了隆重又充满仪式感的开学典礼，学校领导、老师将精心设计制作的"适美少年，数你最牛"牛年祝福卡片亲手送到每一位学生手中，也将新年美好的祝福和殷切希望送给每一位队员，愿孩子们新的一年牛劲十足、牛气冲天，向着美好，迈向新学期。这些仪式教育的持续开展，让每一位东门大街小学的队员不断丰盈内心向善、向美的美好情感，努力成长为"适其性，美其美"的"适美"好少年。

（三）"适美"资源库，让课程资源更广博

"他山之石"可以育德。学校积极构建合力强大的德育"资源库"，整合多种德育资源，建构家庭、学校、社会三维德育网络；积极探索"生活的课堂""行走的课堂""社会的课堂"等体验、研学活动。

居家抗疫期间，学校将家庭作为学生"生活的课堂"，开展"你是我的超级英雄"线上故事会、"今天我当家""我是劳动小能手"等活动，在生活中挖掘德育资源，用丰富的实践体验，让每一个孩子绽放生命活力。

校园读书节，开展"跳蚤市场"淘宝活动，让厉行节约扎根头脑；校园艺术节，全方位展示学生的艺术修养；校园科技节指导学生养花草、做观察记录、参观科技大篷车、进行科学创造，让科技之光点亮梦想；校园体育节，大力倡导体育锻炼，将传统体育项目八段锦、五禽戏、太极扇带进学生的日常锻炼之中。

同时，挖掘本地资源，成立了德育拓展课程研学项目基地，如博物馆、图书馆、美术馆、乔羽纪念馆，历史文化景区太白楼、王母阁等。学校开展的"森林勇士"探险活动，全程13个挑战项目，通过爬、滑、游、跨、跳、飞等手段越过所有障碍，到达终点。整个活动汇集了高空、速度、力量、毅力等户外探险所必备的元素，既能释放压力、磨炼意志，又能锻炼领袖精神。每一次实践、每一次研学、每一次团建，学生们不只开阔了眼界，更增添了一份探索和思考的能力，真正实现了体验皆德育，体验皆成长。

在今后的工作中，济宁市东门大街小学德育工作将继续立足于现实，导引于理念，推行于规划，创生于课程，演绎于活动，在探索与创新中与时俱进，用有温度的教育真正实现全面育人，让适美德育浸润每一位东门学子的内心，积蓄力量，向美生长。

立德树人，培养新时代好少年

——《教育家》杂志"新时代学校德育的
突破创新"线上论坛发言材料

2021年是"十四五"开局之年，在全面开启建设社会主义现代化国家新征程中，在我国教育迈入高质量发展的历史新起点上，学校的德育工作应该牢牢把握好"培养什么人、怎样培养人、为谁培养人"这个根本问题，全面贯彻新时代党的教育方针，努力培养担当民族复兴大任的时代新人。

济宁市东门大街小学着眼于学生的终身发展和社会的未来需求，构建了以社会主义核心价值观为引领，以培养学生良好习惯和核心素养为重点，以校内基础德育课程为主、校外拓展德育课程为辅的"适美德育"课程体系，形成了学校、家庭、社会三位一体的"大德育"合力，旨在将立德树人根本任务真正落到实处。

一、夯实校内基础德育课程

1. 开设《东门好习惯》课程。《中小学德育工作指南》将小学阶段学生分为小学低年级和小学中高年级。其中，低年级德育目标为培养基本的文明行为习惯，中高年级德育目标为培养日常生活的道德规范和文明礼貌，培养规则意识，培养良好的生活习惯和行为习惯。学校依据《中小学德育工作指南》精神，结合学校学生实际，根据不同年级学生的身心特点和发展变化，从学习习惯、生活习惯、文明礼仪、道德规范等多维度开设了一至五年级《东门好习惯》德育课程。

2. 认真上好《道德与法治》课。《道德与法治》是落实立德树人根本任务的关键课程，其教学的根本目的是引导学生选择和构建有道德的生活方式，引导学生在多种可能的生活中选择一种有价值、有意义的生活，并通过这样的生活涵养其德行。

我校教师在《道德与法治》课程教学实践中，灵活融入多种德育形式，不断创新新时代德育教学方法，大力拓展德育教学资源，切实增强课程育人效果。同时，注重提高教师自身的道德水平，在言传身教中彰显道德情操，为学生树立道德典范，使学生在潜移默化中见贤思齐，从小在心灵埋下真善美的种子，扣好人生第一粒扣子。

3. 全面抓好各学科德育渗透。各学科的课堂教学都是发展素质教育、落实立德树人根本任务的核心载体和主阵地。各学科核心素养中的正确价值观念、必备品格等德育任务，都需要落实到位，提升学科育人功能。

4. 凸显少先队德育活动课程。为引导少先队员厚植爱党、爱国、爱社会主义的情感，树立从小"听党话、跟党走"的信念，学校利用每周班队会开设了《童心向党》红色教育课程，用鲜活的故事带领少先队员走进百年党史，从党的百年伟大奋斗历程中汲取继续前进的智慧和力量，从小就懂得立大志、明大德、成大才、担大任，努力成为堪担民族复兴重任的时代新人。

二、完善校外拓展德育课程

学校高度重视社会实践在学生成长中的作用，通过多种途径整合社会资源，打破课堂的边界，实施场馆联动模式，积极开展德育基地课程。推进每月一次的博物馆、武梁祠、汉文化馆、中医院、书画馆、美术馆等德育基地研学，对师生、家长、社区居民进行集文化传承、教育、培训、旅游、展览功能为一体的人生价值观、人格品质等多方面的教育。学生通过自主、合作、探究等学习方式，不断提升了审美素养、人文情怀和生态素养，也更加坚定了传承和发扬中华优秀传统文化的信心。

三、形成家校社大德育合力

《中小学德育工作指南》中明确指出，德育工作要坚持学校教育与家庭教育、社会教育相结合。小学阶段德育工作除了学校的主体参与，还需社会各方资源融入，尤其是家庭教育的参与。因此，学校在开展德育工作过程中，通过家长会、家长开放日、家长学校、家委会、"家校有约"公众号等方式，形成了学校、家庭和社会协调一致的育人合力。

总之，学校通过"校内基础课程为主、校外拓展课程为辅"的德育课程体系建设，使德育小课堂与社会大课堂相互融合，引导学生把知识转化为行为，把行为固化为习惯，把习惯升华为品质，从而为小学阶段完成"塑造灵魂、塑造生命、塑造新人"的时代重任提供了正确的价值引领和生生不息的效能驱动。

七彩童年，花向阳开

——山东省新时代好少年赵星涵事迹材料

赵星涵，女，汉族，济宁市东门大街小学五年级（2）班学生，学校少先队大队委员。她健康活泼、乐观积极、品学兼优，多次荣获校级"优秀学生""优秀学生干部"，区级"优秀学生""文体之星"等荣誉称号。

"书山有路勤为径，学海无涯苦作舟。"她热爱学习，勤奋钻研，善于思考。她课前认真预习，上课认真听讲，课后保质保量地完成老师布置的作业，学习成绩一直名列前茅。她从小就对传统文化有着浓厚的兴趣，利用课外时间阅读了大量的国学经典和名家著作，如《论语》《大学》《中庸》等。每当读到好词佳句，她总会摘抄下来反复品读背诵，在此过程中，她不仅丰厚了自己的文化底蕴，更充实了知识储备。除此之外，她还喜欢硬笔书法，每天都认认真真地临摹练习。2019年6月，她荣获"第五届山东省青少年艺术节小学A组硬笔书法金奖"。

"一花独放不是春，百花齐放春满园。"她自信、乐观、集体荣誉感强。作为大队委员，她坚持为同学服好务，做好老师的小帮手，赢得了老师和同学们的交口称赞。升旗式上，她是飒爽的礼仪队员；放学路上，她是尽职的路队长；运动会上，她为班集体全力以赴，赢得荣誉；课余时间，她收发作业、打扫卫生，是老师的小助手，同学们的服务兵。虽然要比大多数同学早来晚走，但她从来没有打过退堂鼓，反而从为同学们服务的过程中获得了快乐和成长。

帮助别人，快乐自己，赠人玫瑰，手留余香。她乐于助人、身体力行，同学们遇到生活中的困难和学习中的问题时都喜欢和她一起探讨，她的真诚和热情赢得了大家的认可。她时刻记得自己是一名少先队员，积极投身文明城市创建活动之中，设计创城宣传画，提醒家人注意保护环境；利用节假日和课外时间参加创城志愿者活动，用自己的汗水浇灌着城市的美丽。她善良纯朴，热心公益，在每一次"献爱心"活动中，她总是积极地捐出自己积攒的零花钱，看到贫困地区的孩子缺少衣物和书本时，她毫不犹豫地把自己的课外书和新衣服捐献出去。

她爱好广泛，积极参加丰富多彩的课外活动。她喜爱钢琴、舞蹈，每天都会练习半个小时的钢琴，每周都参加舞蹈排练，先后获得钢琴八级、舞蹈五级等多个等级证书，并多次参加演奏、演出。她还喜欢体育运动，勇于挑战自我，磨炼了坚韧顽强的意志品质。在众多的体育项目当中，她最喜欢国际象棋。从四岁半开始学棋、五岁开始外出比赛，先后获得全国国际象棋棋协大师赛女子无级别组第一名、第十二届全国国际象棋公开赛女子F组第一名、山东省国际象棋少儿冠军赛女子幼儿组第一名、泰山科技智力运动大赛国际象棋戊组第一名、济宁市第八届全民健身运动会国际象棋小学一二年级组第一名、任城区第八届全民健身运动会国际象棋小学组一等奖、任城区中小学棋类比赛国际象棋乙组一等奖第一名。2018年2月荣获全国国际象棋青少年锦标赛（个人）女子八岁组第二名，晋升国际象棋棋协大师；2019年8月荣获全国国际象棋青少年锦标赛（团体）女子十岁组第一名，晋升国家二级运动员，这也是济宁市第一个国际象棋二级运动员。2019年9月，她代表中国参加世界国际象棋青少年锦标赛，14天的时间，与各国小朋友结下了深厚的友谊，展示了新时代好少年的友好和自信。2021年3月荣获全国国际象棋特色学校网络赛小学女子A组第三名。

习近平总书记在给北京体育大学2016级研究生冠军班回信中提道：希望你们继续带头拼、加油干，为建设体育强国多做贡献，为社会传递更多正能量。作为新时代好少年，赵星涵将以冠军班为标杆，不负年少、发愤图强，拿下属于自己的"金牌"，为祖国的繁荣发展贡献一份力量！

我爱少先队，我爱红领巾

——少先队活动课案例（一）

主题综述：

2019年10月13日，习近平总书记在致中国少年先锋队建队70周年的贺信中鼓励少先队员："从小学先锋、长大做先锋，努力成长为能够担当民族复兴大任的时代新人。"

红领巾是少先队员的标志，了解红领巾和少先队的光荣历史，可以增强少先队员的组织归属感，自觉地认同自己是一名少先队员，认同自己属于某一个少先队基层组织，感受少先队组织的温暖，培养对少先队组织的热爱、信任和忠诚。牢记党对少年儿童的期望，争做新时代好队员，按照党的要求健康成长。

在中国少年先锋队建队70周年之际，我中队特开展以"我爱少先队，我爱红领巾"为主题的少先队活动，为队员们带来了一次心灵成长之旅。

活动目标：

1. 通过看视频、唱队歌、知识竞赛等多种形式，帮助少先队员学习理解红领巾的深刻含义，深入了解少先队基本知识和礼仪规范，激发少先队员的荣誉感。

2. 通过各小队多种形式的展示，激发少先队员的光荣感和使命感，引领队员从一点一滴做起，热爱红领巾，珍惜红领巾，争做优秀少先队员，为红领巾增添光彩。

活动准备：

队员准备：

1. 各小队根据本队特点，编排不同展演的形式，如录制"我爱少先队"视频；收集、整编红领巾主题童谣；准备"我和红领巾的故事"等。

收集、整理关于少先队的知识，并以知识抢答形式呈现。

2. 思考：新时代的少先队员怎样争做新时代好队员？

辅导员准备：

1. 准备"红领巾的意义""红领巾的发展历程"视频等。
2. 制作本次主题活动PPT。

活动过程：

一、预备部分

（一）中队长（先行队礼）：全体立正，请各小队整队，报告人数！

（二）各小队整队汇报人数。

（三）中队长：全体立正。（跑到辅导员面前，敬礼）报告辅导员，本中队应到队员____人，实到____人。报告完毕！

（四）中队辅导员：接受你的报告！请稍息。预祝本次活动圆满成功！（敬礼）

二、正式部分

中队长：全体立正！我宣布：七色花中队"我爱少先队，我爱红领巾"少先队活动现在开始。

中队长：出旗（奏出旗曲）—敬礼—（旗手到位后）礼毕！

中队长：唱队歌，有请指挥_____。（播放中国少年先锋队队歌）

中队长：请坐。亲爱的队员们，我们都是光荣的少先队员，时时记住要为红领巾争光，做红领巾的小主人，并能为红领巾添彩。我宣布，《我爱少先队，我爱红领巾》少先队活动课现在开始！有请小主持人_____、_____上场，大家欢迎！

（一）说一说：走近队旗，走近红领巾

主持人男：有一首歌，在大地上传播……

主持人女：有一首歌，在阳光里穿梭……

主持人男：有一首歌，在脉搏里流淌……

主持人女：有一首歌，在心里铭刻……

合：这首歌的名字叫作少年先锋队队歌。

主持人女：你知道我们的队歌叫什么名字吗？

主持人男：当然知道，《我们是共产主义接班人》。

主持人女：刚才大家唱得都非常好。大家有没有注意屏幕左上角的标志？哪位队员能说一说，它是什么？是由哪几部分组成的？

（队员自主回答）

主持人女：（展示少先队队旗）队员们请仔细观察，这是什么？是由什么组成的？各代表什么？

（队员自主回答）

主持人女：我们都非常优秀，早早就成了一名少先队员了，让我们再一次重温入队誓词，感受那神圣庄严的时刻。

（中队长带领队员们重温入队誓词）

主持人男：我想问少先队员一个问题：当你戴上鲜艳的红领巾时，大家是否想过它的意义何在？

（队员自主回答）

主持人女：听了刚才的介绍，大家是不是更加珍惜自己胸前的红领巾了呢？相信大家的回答是肯定的。下面，请中队辅导员给大家介绍一下队礼吧！

中队辅导员：队员们，少先队的队礼是右手五指并紧，高举过头，代表人民的利益高于一切。少先队员在升国旗时，在队旗出场和退场时，在烈士墓前扫墓时都应当敬队礼。下面，请大家跟随我重温队礼。敬礼！礼毕！

（二）答一答——少先队基本知识知多少

主持人男：今年的 10 月 13 日，我们迎来了少先队建队 70 周年，学校开展了"我与祖国共成长，争做新时代好队员"少先队基本知识学习实践活动，我们积极参与，还取得了不错的成绩呢，今天我们也在班级里开展一个知识竞赛，考考大家对少先队礼仪知识掌握得怎么样。有请竞赛小考官上场！

（小考官出题，队员们答题，答对者及时给予"小雏鹰"奖章奖励）

小考官小结：是的，红领巾是我们每一位少先队员的光荣标志，希望在座的每一位少先队员都能够好好珍惜。

（三）赛一赛：谁的红领巾系得最标准

主持人男：红领巾是少先队员的标志，如果你是一名少先队员，你就必须每天都要佩戴红领巾。现在让我们赛一赛，看谁的红领巾系得又快又好。

（播放背景音乐《我爱少先队》，全体队员比赛系红领巾）

主持人女：大家的红领巾系得又快又标准，真棒，给你们点赞！

（四）分小队展示：我爱红领巾

主持人女：鲜艳美丽的红领巾，骄傲自豪的红领巾，我们要像珍爱自己的眼睛一样来爱护它。大家知道吗？我们各小队队员为了表达自己对红领巾的爱，课前都进行了精心的准备呢！今天，就让我们一起来欣赏吧。

（各小队分别进行本小队的成果展示）

第一小队：我和红领巾的故事分享会

第二小队：童谣展示

第三小队：手抄报展示

第四小队：诗歌朗诵

主持人男：我骄傲，我是中国人！我自豪，我是飘扬的红领巾！掌声送给所有小队的队员。丰富多彩的形式，让我们再一次感受到红领巾的力量。行是知之始，作为一名少先队员，我们更应该行动起来，从一点一滴做起，争做一名优秀的少先队员。那队员们，在日常的学习和生活中，我们该怎样做呢？欢迎大家畅所欲言。

（给队员充足的时间表达）

主持人女：队员们你一言我一语，我们小小的一个举动，就能为胸前飘扬的红领巾增添光彩，是多么有意义的一件事啊！

主持人男：队员们，我们是祖国的花朵，拥抱着美好的时代；我们是初升的太阳，燃烧着新的未来……

主持人女：在此，我们满怀自豪的情感与坚定的信念，大声喊出我们的心声：我爱你，少先队；我爱你，红领巾！（全体队员："我爱你，少先队；我爱你，红领巾！"）

辅导员：亲爱的队员们，老师相信，祖国妈妈一定能够听到你们祝福的话语！大家今天的表现真精彩！通过刚才的活动，我们对红领巾有了更深刻的认识和理解。是呀,我们胸前飘动的红领巾,它是革命烈士用鲜血染成的,它是我们引以为荣的标志。希望每一位队员,在平时的学习和生活中,从一点一滴做起,热爱红领巾、珍惜红领巾,努力争当优秀少先队员,为红领巾增添光彩!

中队长:请辅导员带领全体队员呼号。

辅导员:呼号。(辅导员和队员同时举起右拳)

辅导员:准备着为共产主义事业而奋斗!

(全体队员:时刻准备着!)

(辅导员放下右拳,全体队员放下右拳)

(五)结束

中队长:全体立正—退旗(播放退旗曲)—敬礼—礼毕。

中队长:"我爱少先队,我爱红领巾"主题活动到此结束。

红领巾爱劳动，家国情怀记心中

——少先队活动课案例（二）

主题综述：

《易经》中说道："天行健，君子以自强不息；地势坤，君子以厚德载物。"作为一个中国人，历经千年的中华传统美德和民族精神让我们备感自豪和骄傲。热爱劳动是中华民族的传统美德，正是有了一代又一代先辈的艰苦劳动，才有了我们今天的幸福生活。

习近平总书记在致中国少年先锋队建队70周年的贺信中提出：希望新时代少先队员要培养劳动精神。因此，在五一国际劳动节来临之际，济宁市东门大街小学开展以"红领巾爱劳动，家国情怀记心中"为主题的中队会。

活动目标：

1. 帮助队员们了解中华传统文化中的劳动观。
2. 引导队员们尊重和热爱身边的劳动者。
3. 引导队员们从实际出发，根据不同年龄特点开展丰富多彩的劳动实践活动，让队员们"宅家"学习、生活两不误。
4. 创造性地实施劳动教育，引导队员们崇尚劳动、尊重劳动、学会劳动；使队员们树立劳动最光荣、奋斗最幸福的劳动价值观。

活动准备：

辅导员准备：
收集关于"红领巾爱劳动，家国情怀记心中"的资料，制作课件。

队员准备：

收集关于"红领巾爱劳动，家国情怀记心中"的资料。

活动过程：

一、了解中华传统文化中的劳动观

（一）谈话导入

队员们，你们知道吗？说起对人类社会劳动的认知和热爱，在中国古代经典著作中多有论及。

《古今药石·续自警篇》中写道："民生在勤，勤则不匮，是勤可以免饥寒也。"意思是人们的生计在于勤劳，勤劳就不会缺乏衣服与食物，勤劳能够让人避免饥饿与寒冷。自古以来，对劳动的肯定和赞美都是中国传统文化的重要内容。

（二）认识传统文化中劳动的作用

魏晋诗人陶渊明所作《归园田居·其三》中写道："种豆南山下，草盛豆苗稀。……衣沾不足惜，但使愿无违。"这首诗展现出我国古代人民早起劳作，傍晚收工，期待有好收成的场景，展现出劳动人民辛勤劳动的形象。

唐代诗人李绅写道："锄禾日当午，汗滴禾下土。谁知盘中餐，粒粒皆辛苦。"《悯农》巧妙地将珍惜食物与辛勤劳动结合起来，一直影响塑造着中国人勤俭节约的美德。

唐代诗人王维写道："屋上春鸠鸣，村边杏花白。持斧伐远扬，荷锄觇泉脉。……"这首《春中田园作》的前四句展现出了古代人们愉快劳动的情境和勇于探索的精神。

可见，劳动不仅可以磨炼人的意志，劳动的协作性还可以培养人的互助和团结精神。

（三）出示古诗，队员齐吟诵，感受传统文化中的劳动

出示：

传统文化中的劳动

《古今药石》："民生在勤，勤则不匮，是勤可以免饥寒也。"

《归园田居·其三》："种豆南山下，草盛豆苗稀。……衣沾不足惜，但使愿无违。"

《春中田园作》："屋上春鸠鸣，村边杏花白。持斧伐远扬，荷锄觇泉脉。……"

师总结：古代劳动人民智慧的结晶反映在各个领域：栩栩如生的兵马俑、巍峨的长城、巧夺天工的都江堰、贯通南北的大运河；素纱禅衣、榫卯结构、记里鼓车等，无一不是凝聚劳动者勤劳智慧的伟大成果，尽责、乐业、精益求精的工匠精神使这些遗宝成为历史的烙印和华夏子孙精神的内核。实现中华民族伟大复兴，要靠人们的辛勤劳动。一切有利于社会建设的诚实自觉的劳动，都是高尚的、光荣的。

（四）引导队员们尊重和热爱身边的劳动者

2020年，一场突如其来的疫情让这个庚子年变得不平凡。生命重于泰山、疫情就是命令、防控就是责任。80多岁的钟南山爷爷第一时间连夜赶往武汉。为全力抗击疫情，医生、护士、士兵、快递员、环卫工……各行各业的劳动者纷纷报名请战。他们是最美逆行者。在抗击疫情面前，没有豪言壮语，只有默默的付出和奉献。他们或许是我们的家人，或许是我们的朋友，或许是我们的老师，他们虽然平凡，但他们仍然是我们心中最美的劳动者。

二、引导"红领巾"爱劳动

古语云："不惰者，众善之师也。"劳动会使我们的双手更灵活，劳动使我们的心灵更纯洁，劳动使我们的生活更幸福，劳动使我们的未来更美好。

（一）师生学习相关文件中的爱劳动内容

队员们，近日，中共中央、国务院发布《关于全面加强新时代大中小学生劳动教育的意见》，其中指出小学低年级要注重围绕劳动意识的启蒙，让学生学习日常生活自理，感知劳动乐趣，知道人人都要劳动。小学中高年级要注重围绕卫生、劳动习惯养成，让学生做好个人清洁卫生，主动分担家务，适当参加校内外公益劳动，学会与他人合作劳动，体会到劳动最光荣。

（二）引导队员们树立劳动最光荣、奋斗最幸福的劳动价值观

队员们，梁启超先生说过："少年强，则国强。"我们的每一位少先队员都是祖国的未来和民族的希望。每一位少先队员都要树立"劳动最光荣，劳动者最光荣"的思想，积极投入适当的劳动实践中去。

（三）辅导员总结升华

从现在开始，希望大家即便是宅在家里，也能够弘扬坚忍不拔、自强不息的劳动美德，吹响劳动集结号，拟订劳动计划，开展劳动实践，留下劳动风采，为我们的星星火炬再添光彩。

传承红色基因,做爱国好少年

——少先队活动课案例(三)

主题综述:

为全面贯彻落实立德树人根本任务,遵循学生发展为本的理念,挖掘周边社会资源,整合校内外教育资源,丰富教育教学内容,拓展校外教育途径,进一步培养学生的爱国主义和家国情怀,深入推进"传承红色基因,做爱国好少年"主题教育实践活动。加强少年儿童思想道德教育,对学生进行爱国主义、民族精神教育,引导小学生树立正确的世界观、人生观、价值观。

活动目标:

1. 通过本次队会活动,实现课内外有效衔接,引导队员们通过乔羽纪念馆了解济宁的红色经典文化,感受家乡的美丽和文化的魅力。

2. 感悟红色基因的深刻内涵,从而激发学生热爱祖国之情,增强其热爱家乡,长大后建设家乡的信念,将红色基因贯彻到自己的实际言行中。

活动准备:

辅导员准备:

1. 乔羽艺术馆内关于乔羽先生的历史资料、照片、实物图片。
2. 与乔羽先生创作歌曲有关的红色电影片段。
3. 乔羽先生所创作的歌曲《我爱济宁》。

少先队员准备：

1. 听一听乔羽爷爷创作的歌曲，学着唱一唱。

2. 找一找乔羽爷爷歌曲创作背后的故事。

3. 讲一讲自己对于家乡印象深刻的事情或寻找一处家乡令你印象深刻的地方。

活动过程：

一、走近乔羽爷爷

中队辅导员通过乔羽艺术馆内珍贵的历史资料、照片、实物图片的展示，引导学生了解乔羽先生不同时期的人生经历以及其不同形式的艺术作品。组织队员们听辅导员老师讲关于乔羽爷爷儿时读书的故事，鼓励他们畅谈自己的感想，说一说听完乔羽爷爷的故事，此时的你有什么感想。

二、感受乔羽爷爷的爱国情

中队辅导员播放乔羽爷爷创作的歌曲，说一说自己听过哪些乔羽爷爷所创作的歌曲，可以带着同学们一起唱一唱，由此感受到这些脍炙人口的创作陪伴着一代又一代人的成长，也深深地烙下一个又一个的时代印记。接着播放红色电影片段，组织队员们交流了解歌曲创作背后的故事，从而感受歌曲中表达的爱国深情。

三、感受乔羽爷爷的思乡情

中队辅导员出示大运河图片，说一说自己对大运河的了解。聆听乔羽爷爷小时候的故事，从而了解到乔羽爷爷童年时期就对大运河有着特殊的情感。开展"我与家乡的故事"交流会，说一说自己对于家乡印象深刻的事情或介绍一处家乡令你印象深刻的地方。播放乔羽爷爷为家乡所创作的歌曲《我爱济宁》，组织少先队员们了解乔羽爷爷的词作，朗诵歌词，感受乔羽爷爷虽离开济宁多年，但依然对家乡有着深深的思念之情。

四、情感升华

中队辅导员组织队员们观看视频《爱国情·奋斗者·齐鲁英杰谱乔羽：为祖国而歌》。通过观看视频，引导队员加深对乔羽爷爷的了解，更加直观地感受乔羽爷爷对家乡的情怀，对祖国的热爱。开展"小小队员有话说"交流活动，说一说作为新时代接班人的自己此时想说些什么。

欲速不达
——少先队活动课案例（四）

主题综述：

当身处于这个科技风驰电掣般发展的时代中，看到听到许多成功典例，许多人以"快"为荣，都争着抢着向前赶。可一味快，真的是好的吗？快与慢之间还得有限度。快固然省时，但只有心慢下来，方能看懂学习之道。中国文化也是要细细品读，逐字推敲，才能得以成功。

通过吸纳中华传统文化《论语》的精髓，真正了解我们的先人留给我们的遗产，将文化精华化为我们的良知、理性、美感等主体存在的一部分。自觉以优秀传统文化的标准要求自己，做适应时代发展需要、积极弘扬民族文化、宽厚仁爱、有创新意识的新时代中国人。

活动目标：

1. 通过理解"欲速不达"的三层含义，结合生活实际正确认识"欲速不达"现象，有自己的体会，在以后的学习生活中能够以"欲速不达"来警示自己，明白做事学习都要循序渐进，不可性急图快。

2. 注重"知行合一"，以增强学生对民族优秀传统文化的认同感和自信心，将中华优秀传统文化的精华要义内化于心、外化于行，自觉传承中华优秀传统文化。

活动准备：

辅导员准备：

1. 收集关于"欲速不达"的资料。
2. 制作课件。
3. 排练小剧场。

队员准备：

1. 收集关于"欲速不达"的资料。
2. 思考生活中"欲速不达"的生活事例。

活动过程：

一、理解名句

辅导员导入：亲爱的队员们，今天我们一起来学习孔子的思想精华，一起感受源远流长的传统文化。

（一）孔子有多少学生呢？（引出"孔门十哲"），今天我们学习的这句话正是孔子对孔门十哲之一的子夏的教导。

（二）读熟名句。

（三）理解名句。

结合课文注释，自己读一读。

二、深入感悟

（一）卖橘子的视频揭示"欲速不达"层次一

学生分享启示。卖橘子的人因为太着急赶路，想着在天黑前进城，结果忙中出错，绊了一跤，导致橘子撒了一地，反而耽误了进城时间。

辅导员小结：这里让我们"无欲速"是提醒我们不能性急，光顾着图快，这样反而会把事情办砸了。

（二）石昌化的小剧场揭示"欲速不达"层次二

学生分享启示。石昌化因为太想超过魏源，日夜不停地学习，反而不注意休息，把身体毁了，生了病也不去看病，结果错失科考，永远落后于魏源。

辅导员小结：这里让我们"无欲速"是告诉我们凡事讲究循序渐进、遵照客观规律。

追寻教育的美好

（三）屠呦呦视频揭示"欲速不达"层次三

学生分享启示。看到屠呦呦的感人事迹，我深深地感受到要想做出一番大事业，就必须一步一步踏踏实实地进行科学研究。

辅导员小结：这里让我们"无欲速"是告诫我们做什么不要急于回报，要长期积累。

三、学以致用

现在，同学们，相信你们一定对"欲速不达"有了新的认识和体会了，四人一组，想一想我们身边学习生活中或者社会上还有哪些"欲速不达"的现象，我们一起分享一下。

学生分享：

（一）记得有一次我因为想出去玩，就很潦草地写作业，结果妈妈看后让我重新写了一遍，反而花了更长时间完成作业。

（二）社会上很多人因为想减肥，就去吃速效减肥药，结果把自己的身体搞垮了，身体更加不健康了。

（三）经常有新闻报道，快递员或者外卖员因为着急送货，闯红灯导致的交通事故，真是令人心痛。

辅导员小结：听了大家的分享，老师高兴地看到，你们都有了自己的深刻感悟。其实，同学们成长的过程本身就是一个不断修正自我、健康成长的过程，请大家牢记"欲速不达"。

善待地球，珍爱生命

——少先队活动课案例（五）

主题综述：

生命是世代的传承，自然创造了生命。在自然面前，人类不过是渺小的沧海一粟。人类应怀有一颗敬畏之心，保护自然，珍爱生命。

2020年4月22日是第51个世界地球日，其宣传主题为"珍爱地球，人与自然和谐共生"，这与习近平总书记多次提出的人与自然构成"生命共同体"的思想不谋而合。我们应该把"善待地球，爱护自然，实现人与自然和谐共生"作为一个理念，化为一种行动。此时，新冠肺炎疫情正在全球蔓延，新时代的少先队员需要和时代同频共振。

近日，在济宁市东门大街小学大队部的精心组织安排下，各中队以"善待地球，珍爱生命"为主题，开展了一场别开生面且教育意义深远的队会活动。

活动目标：

1. 通过本次队会活动让队员们牢记"我们只有一个地球"，引导队员们懂得享受美好生活的同时，更应该以感恩之心担负起保护地球的责任。

2. 引导队员们感受到自己的生命及自然界其他一切生命的价值，从而树立"敬畏自然，珍爱生命"的理念。

活动准备：

辅导员准备：

1. 课前收集关于"地球和生命"的资料。
2. 制作课件。

队员准备：

1. 找一找关于"地球和生命"的资料。
2. 想一想"生命的意义""如何善待地球，珍爱生命"。

活动过程：

一、感知生命

（一）辅导员导入：生命是一眼清泉，滋润万物，给人以希望生命的内敛之美；生命是一杯清茶，沁人心脾，给人以芬芳生命的清雅之美；生命是一匹野马，纵横驰骋，给人以力量的奔放之美。人有生命，动物、植物亦有生命。

（二）出示图片，队员们直观感知生命的内涵：

1. 石缝中迸发出的顽强生命力。
2. 雄鹰展翅，彰显生命的力量。

（三）畅谈生命

1. 辅导员：少先队员们，你们是如何理解"生命"的呢？
2. 队员们畅谈对"生命"的理解：

我们要善于发现生活中真善美的东西，让生命丰盈和绚丽。要能够善待生命、珍惜生命的分秒，享受生活的真实、生命的乐趣。

生命的意义还在于快快乐乐地活着，也尽可能地给周围的人带来快乐。每一个生命都值得我们尊重，每一个生命都值得我们敬佩。生命只有一次，我们应该爱惜自己的生命，同时尊重他人的生命。

（四）辅导员小结：生命是五彩斑斓、美丽无比的。保尔·柯察金曾经说过：这个世界上最宝贵的就是生命，生命对于每一种生物来说都只有一次，所以生命又是短暂而脆弱的。众所周知，地球是所有生命共同的家园，保护地球亦是保护地球上的每一个生命体。正值第 51 个世界地球日来临之际，我们济宁市东门大街小学借此开展以"善待地球，珍爱生命"为主题的少先队活动。

二、认识地球

（一）辅导员导入：地球，是茫茫星海中最璀璨的一颗宝石，是一幅令人赏心悦目的水墨画。地球是孕育万物的母亲，是所有生命共同的家园。

（二）队员们通过观看科普视频《地球上的生命奇迹》，从而了解在浩瀚的银河系中，地球是一颗不平凡的星球。随着环境的不断变化，经过漫长岁月，地球上逐渐诞生了各种生命，而人类的出现更来之不易。借此，队员们初识了人与地球的密切关系。

绿意盎然的城区，夏花烂漫的田园，海天浩渺的沙滩……队员们通过欣赏图片惊叹于地球上的每一处风景，每一个瞬间。

（三）少先队员们凭自己的感觉、爱好去感知世界，站在不同视角，用画笔勾勒出对美丽地球的向往与热爱，用五彩斑斓的色彩传递着自己美好的愿望——"善待地球，珍爱生命"。

三、疫情之下，敬畏自然，珍爱生命

（一）辅导员导入：天行有常，天亦无常。2020年是特殊的一年。

澳大利亚的森林大火延烧多月，至今没有完全停息的迹象。浓烟遮天蔽日，大火耀如霞光，房屋残垣断壁，动物四处乱窜，千人海上逃难……大火所过之处，生灵涂炭，满目疮痍，仅在此次大火中丧生的动物数量就难以计数。

来势汹汹的新冠肺炎疫情在全球大肆蔓延，冰冷的疫情通报数据背后是一个个鲜活的生命。这次突如其来的危机让我们发现，生命竟然是如此脆弱。一个个鲜活的生命，转瞬间就被微小的看不见的病毒击倒；一个个充满欢声笑语的家庭，转眼间就生死离别，阴阳两隔。

病毒不会因为你的弱小而对你心生怜悯，也不会因为你的强大而对你望而却步。

（二）疫情过后，少先队员们对"生命"又有了新的深刻的认识。

大家畅谈对生命新的感悟。

（三）辅导员小结：当我们经历了人类与自然、人类与病毒的"世界战疫"之后，我们更加体会到生命是脆弱而宝贵的，灾难面前，护佑生命，对生命珍惜、珍爱和珍重，应该是我们每个人人生道路上的必修课。

同时，我们也应该深刻地认识到：地球就是一个村落，在这个村落里发生的每一件事，我们每一个人，每一个动植物都不是置身事外的看客。

人与自然是这个地球上的生命共同体。我们人类不仅要珍爱自己的生命，还要爱这个世界和这个世界上的每一个生灵，因为这些生灵的命运与人类的命运也息息相关。万物有灵，万物皆有生命。

（四）针对"如何做到善待地球，珍爱生命"，队员们交流自己的看法。

四、总结升华

人与人之间需要尊重与善待，人与自然之间也需要尊重与善待。珍爱生命，保护地球的本质就是：尊重并善待地球上的每一个生命——无论是动物还是植物。唯有如此，我们才能保护好地球整个家园。但愿"善待地球，珍爱生命"润物无声，细水长流。

三

适美特色篇

美育课程和课程美育一体化推进的实践探索

——山东省基础教育美育工作研讨会汇报材料

中华民族自古以来就高度重视美育对人和社会发展的重要意义。济宁作为孔孟之乡、礼仪之邦，拥有得天独厚的儒家优秀传统文化优势。孔子开设以"礼乐"为首的"六艺"——礼、乐、射、御、书、数课程中均不同程度地包含有丰富的美育内容。音乐、舞蹈、书法、绘画、诗词歌赋等，处处都浸润着中华美育精神。

一、目标导航，明确学校美育目标方向

著名美学家朱光潜先生曾说过："美是心与物的融合。"教育家蔡元培先生曾说过："学校课程没有与美育无关的。"党的十八大以来，党中央高度重视学校美育工作，把学校美育工作摆在更加突出的位置，做出了一系列重大决策部署：2015年9月，国务院办公厅印发《关于全面加强和改进学校美育工作的意见》。2018年9月，习近平总书记在全国教育大会上对美育工作做出重要指示。2019年4月21日，全国学校美育工作会议在苏州举行。2020年10月，中共中央办公厅、国务院办公厅印发《关于全面加强和改进新时代学校美育工作的意见》。2021年4月19日，习近平总书记视察清华大学美术学院对学校美育工作做出重要指示。

其中，《关于全面加强和改进新时代学校美育工作的意见》中指出："学校美育课程以艺术课程为主体，主要包括音乐、美术、书法、舞蹈、戏剧、影视等课程。""充分挖掘和运用各学科蕴含的体现中华美育精神与民族审美特质的心灵美、礼乐美、语言美、行为美、科学美、秩序美、健康美、勤劳美、艺术美等丰富美育资源。"

济宁市东门大街小学始建于1948年，全校师生深受儒家文化的熏陶，坚持"适其性，美其美"的"适美教育"办学理念，以"美育课程与课程美育一体化推进的实践研究"课题为引领，通过"以美养德、以美启智、以美健体、以美促劳"有效地促进了五育融合、五育共进、五育共美，让每一个孩子都可以"知其美、行其美、美其美"，每一个孩子都可以更美地成长。

学校先后荣获全国学校艺术教育先进单位、全国五育融合实践联盟校、全国青少年校园足球特色学校、全国青少年校园排球特色学校、全国国学经典教育联盟校、全国红旗大队等多项荣誉称号，实现了以美育促全育的校本化特色发展，赢得了社会各界的广泛赞誉。

我校积极贯彻落实国家、省、市级以及我们任城区的系列指示精神，结合济宁作为孔孟之乡的区域特点和我校的实际情况，特制定了学校美育工作目标：

济宁市东门大街小学美育工作目标

以习近平新时代中国特色社会主义思想为指导，全面贯彻党的教育方针，坚持社会主义办学方向，以立德树人为根本，以社会主义核心价值观为引领，以提高学生审美素养和人文素养为目标，以传承中华优秀传统文化为特色，大力弘扬中华美育精神，以美育人、以美化人、以美培元，激发学生艺术兴趣和创新意识，培养学生健康向上的审美趣味和审美格调，引领学生树立正确的价值观，陶冶高尚情操，塑造美好心灵，增强文化自信，每个学生学习和掌握1~2项艺术表现技能，学校初步形成"一校多品"的美育发展新局面。

二、课程引领，完善学校美育课程体系

课程是学校实现教育目标的主渠道。我校将美育与国家、地方、校本三级课程有机融合，通过国家课程校本化、地方课程本土化、校本课程特色化，从"德育课程（立德）、健康课程（固本）、人文课程（至善）、科学课程（求真）、艺术课程（尚美）、实践课程（创新）"六大领域，初步构建了"核心课程保大局，特色课程显魅力"的一体两翼式的"适美教育"课程体系。

（一）国家课程校本化

1. 民间美术。在一至五年级的美术教材中有许多民间美术的内容，我们

充分挖掘济宁历史文化中蕴藏着的丰富民间艺术资源，进行了"中国民间美术进课堂"的国家课程校本化探索。一年级——妙趣手工印染；二年级——精巧多彩面塑；三年级——吉祥传统纹样；四年级——奇异特色面具；五年级——乡情民间绘画。

2. 民乐。音乐学科进行了民间音乐、歌曲、舞蹈以及传统器乐为特色的民乐主题单元教学。开展了戏曲文化进校园进课堂活动。孩子们通过学习、欣赏、模仿、体验和富有创造性、参与性的民间艺术学习活动，逐步增强了对民族传统文化的认同感，提高了审美素养和人文修养。

3. 书法。"写好中国字，做好中国人"是我们书法课坚守的基点。孩子们在学书法的过程中不仅感受点画美、造型美、意境美，而且由汉字结构上的避让懂得做人的谦逊，体会中华书法文化和中华精神的博大精深，潜移默化地培养民族自豪感和文化自信心。

（二）地方课程本土化

作为全国国学经典教育联盟校、全国少先队红旗大队，为积极弘扬中华美育精神，我校将民俗文化、经典文化等方面的美育元素融入地方课程《传统文化》之中，与培养学生的审美和人文素养相辅相成、相得益彰。

1. 民风民俗文化。传统节日民俗是中华传统文化不可或缺的重要组成部分，是传统文化教育的重要载体。我校大队部结合清明节、端午节、重阳节等传统节日，以重文化、重体验、重情感、重传承为特点组织了"清明时节祭英烈""端午粽飘香"等丰富多彩的主题教育活动。让学生了解传统节日的由来，激发学生对中华传统文化的热爱，在生活中发现美、鉴赏美。

2. 国学经典文化。我校节选《论语》《孟子》等国学经典中的名句，编写了校本教材《经典阅读》，通过晨诵、午写、暮读等多种方式，引导学生吟诵经典，在诵读熟背中感受文言的精妙。

我们还根据学生年龄特点，开展丰富多彩的读书节活动，带领学生到孔孟故里游圣城、拜先师、习六艺、学礼仪，感悟儒家文化，传承国学精粹。组织全体学生积极参加了"2019年山东省中小学生经典名著阅读活动"，三个校区均同时荣获"市级书香校园"称号，23个班级荣获"书香班级"称号，16名学生荣获"书香学生"称号。我校在山东省经典名著阅读展示活动中荣获银奖。丰富多彩的活动点燃了孩子对家乡的热爱，对中华优秀传统文化的热爱，使他们在心灵上受到震撼，在人格上受到熏陶，实现了"以美养德促文化自信"的育人功效。

（三）校本课程特色化

在国家课程、地方课程保大局的前提下，我校以"面向全体、彰显个性、培养兴趣、开发潜能"为宗旨，开发了版画、书法、国画、创意画、剪纸、纸艺、创意彩泥、流体画等多门美育校本课程。

1. 版画课程。版画作为中华民族传统艺术，被称为"印"出来的绘画。版画的创作过程既动脑又动手，多感官参与学习活动，学生可以更自由、更充分地发挥自己的想象力、创造力和表现力。我校四个校区全部开设了《儿童版画》校本课程。

老师带领学生了解孔子生平事迹，讲述孔子"在川观水""韦编三绝"等小故事，感悟孔子的人生哲理，想象孔子认真读书或者看水时的情景，动手创作以每一个孔子故事为主题的版画作品。最后，把印制完成的作品合作拼合成系列版画《孔子的故事》册页。学生在"孔子的故事"这一主题美育活动中不仅掌握了版画基础知识、基本技能和制作技法，增长了艺术专项特长，还获得了艺术审美体验，受到了美的熏陶，进一步增强了中华民族的文化自信，也更加崇拜自己的民族圣贤。

2. 场馆课程。我校以美术课堂为主阵地，打破课堂的边界，实施场馆联动模式，开发利用社会美育资源，积极推进每月一次的武梁祠、汉文化馆、博物馆、书画馆、美术馆等场馆教学，对师生、家长、社区居民进行集文化传承、教育、培训、旅游、展览功能为一体的美感、人生价值观、人格等多方面的教育，提升受教育者的审美素养、人文情怀和生态素养。

汉画像石、汉碑在中国乃至世界文物界都是难得的珍宝。我们中国现存汉碑不过60块，济宁就有39块，也就是说全国的汉碑有一半都在济宁。无论从数量还是质量上，"天下汉碑半济宁"的说法可谓名副其实。其中有两处著名的汉碑文化馆，一是嘉祥武氏墓群石刻博物馆，另一个就是距离我校500米处铁塔寺内的汉碑室，这两处汉文化馆都是我校场馆教学的基地。

孩子们通过自主、合作、探究等学习方式，探寻汉碑背后的故事，感受到汉文化的博大精深，养成发现、探究、创新的品质；通过临摹写生，了解了汉画像的造型特点，学生经历了从认知到认同再到自豪感的价值观建设过程，更加坚定了传承和发扬中华传统文化的自信。

济宁市博物馆馆藏文物 16 万件，以石刻、铜器、瓷器、服饰等为特色。济宁市美术馆是世界著名建筑设计师、普利兹克奖获得者西泽立卫在中国设计的第一个美术馆，被列为"2019 年全球最受瞩目的博物馆建筑"之一。该馆采用荷叶造型，融合济宁市文化特色和地域风貌，与周围景色融为一体，营造出一种超然、幽静、水天一色的建筑意境。孩子们每次到美术馆研学时，都喜欢在此写生。

乔羽纪念馆、鲁班工艺坊、孔子博物馆、尼山圣境等多处场馆也都是我校的研学常去之处。

3. 传统体育课程。作为山东省传统体育项目示范学校，我校体育教研组研发了一系列民族传统体育项目课程，不但能强身健体，还孕育着自强不息的民族精神。《八段锦》能够缓解疲劳、定气凝神，促进学生心理健康发展，减少学生不良情绪的出现。《武术——少年拳》可以体验武术套路中的精气神的表现力，以及各种动作的节奏感与神韵，培养学生的顽强毅力及团队合作意识。《太极功夫扇》融合了太极拳与其他武术、舞蹈的动作，一招一式，融入了五千年的中华文明；举手投足，焕发着自强不息、发愤图强的民族精神，改编后的《五禽戏》动作更加简单、形象生动，也更加符合少年儿童的身心特点，深受孩子们喜爱。

4. 中医药文化课程。为弘扬传统中医国粹，传播中医药知识，使广大师生进一步了解中医药文化，我校充分利用特色课后服务活动时间，邀请济宁市中医院中医药文化宣传团专家，开展了中医药文化进校园系列讲座活动。专家们运用通俗易懂的语言，通过中医药知识宣讲、中药材辨认、艾灸推拿演示、现场口腔检查等活动，为东门师生普及了中医药知识，调动了学生对中医的热情，丰富了学生的卫生健康知识，养成了良好的卫生习惯，促进了身心健康发展。省卫健委领导到我校调研中医药文化进校园工作，并给予了充分的肯定。

5. 红色文化课程。为献礼建党 100 周年，学校大队部开展了"红色课程五个一"活动：看一场红色电影、讲一个红色故事、唱一首红色歌曲、朗诵一首红色诗歌、开展一次红色研学，把红色革命教育从校园引入家庭与社会，引导队员人人珍爱生命、敬仰英雄、争当红色小先锋，受到了学生家长和社会各界的广泛赞誉。中国关工委官方媒体中国火炬、中国文明网等多家媒体进行了宣传报道。

（四）班本课程个性化

学校把班本课程作为三级课程管理的延伸和有效补充，更好地尊重了学生的差异性特点，满足了学生的多样化、个性化需求，为全体学生提供了可以自我选择的"菜单式课程群"，为每一个孩子提供适合自己成长的最佳模式，让每一个鲜活、灵动、富有个性的孩子成为独特的、最美的自己。

1. 纸艺。美术老师从"奇思妙想，变废为宝"的理念出发，开设了手工制作班本课程。开学初，老师带领孩子们制作的"牛年上学记"激励着全校师生以拓荒牛的闯劲、孺子牛的韧劲、老黄牛的干劲，奋力成就最好的自己。

2. 绘画日记。语文老师和美术老师根据语文、美术学科特点进行整合，把"写、画、思、创"结合起来，指导学生坚持写"绘画日记"。让每一个孩子都能够成为"能写、会画、敢创新"的新时代好少年。

三、教学改革，积极深化美育教学探索

（一）大概念引领下的主题教学研究

1. 美术《年画》主题教学。小学五个年级美术教材中每学期最后一课都是关于民俗模块的课程内容。《年画》这节课出现在三年级上册，年画已经被列为国家非物质文化遗产。本单元大概念是：年画体现了人们对美好生活的追求。基本问题为：年画仅仅是百姓们年节时的装饰品吗？年画是怎样制作的？又是如何传承的？在当下社会的作用还有哪些？引导学生感受年画夸张的造型、饱满的构图、鲜艳的色彩以及丰富的题材，明白年画对人们的意义和作用：一是寄托了人们对美好生活的祝愿，反映了人们的心理需求；二是可以装饰年节，反映了人们的生活审美需求。学生在这节课中通过了解年画的基本知识、欣赏年画的制作过程，最后用水印版画的形式致敬民间艺术这样一个过程来感受、传承民俗文化。通过本堂课的学习，可以让学生热爱民间艺术，热爱生活，提升民族自豪感，增强文化自信。

2. 古诗文主题教学。古诗文是我国传统文化宝库中一颗璀璨的明珠，是伟大的先人留给我们的宝贵文化遗产。我们把一至五年级语文课本中所有的古诗文汇总分类，集中编排，按照题材大致分为送别诗、边塞诗、思乡诗、

田园诗等16个题材，再适当补充同一题材的课外其他作品，整合为古诗文主题单元校本教材，每周一课时，集中学习。引导学生通过诵、吟、画、演和创等多种形式，充分体验和感受古诗文的文字美、意境美、韵律美、哲理美。

3. 足球主题教学。足球运动对抗激烈，攻守转换频繁，对运动员注意力、思维能力和时空间、感知觉等心理品质的形成有较好影响，长期参加足球运动可以培养团结协作、坚韧不拔、拼搏进取的意志品质，可以全面提高速度、力量、柔韧等身体素质，达到增强体质、促进健康的目的。足球运动蕴含着深刻的文化和思想内涵。作为全国青少年校园足球特色学校，我校积极进行足球教学改革，尝试单元主题教学研究，一改过去教师讲解、示范，学生模仿的教学方式，教师始终参与学生整个的学习过程，与学生一起练习、比赛，进行有针对性的指导，体现了合作与探究的学习方式，提高了教学效率。

2018年10月，我校男子足球队和女子足球队同时荣获济宁市任城区第四届"区长杯"中小学生校园足球联赛小学组第一名，实现了全校师生梦寐已求的"双冠王"。

(二) 积极开展"教学评一致性"实践研究

我校作为山东省课程改革实验学校，各学科正在积极探索"教学评一致性"的实践研究。寒假及本学期，全校教师共读共研一本书——《追求理解的设计》。

"教学评一致性教学"的实质就是常规教学的科学化——有效设置教学目标、科学设计课堂评价、合理设计教学活动。对于长期以来凭经验设计教学、跟着感觉实施教学的大多数教师来说，"教学评一致性教学"的研究实践起来可以说是步履维艰。目前我校初步构建了"三环式教学评一致性"教学的整体框架思路，还恳请各位专家和同人予以斧正：依据课标，参考具体学情，师生共同制定目标；围绕目标，依托课程资源，师生共同达标；基于学习，及时增值评价，师生共同验标。

案例：美术校本课程《济宁的古建筑》

济宁的历史建筑大体可分为古代商业民居建筑、官衙建筑、庙宇建筑及清末民初的教堂与府邸，各类建筑，构成了济宁古代建筑遗存，像太白楼、东大寺、声远楼、铁塔寺就在我们学校旁边，虽较少但特色突出。我们一定要利用好我们身边的优质的传统教学资源。

追寻教育的美好

本着教学评一致性的原则，教师从教学目标设计出发，制定符合学生先前知识储备和现在发展状况的三维目标。教学实施的每一个环节有明确的目的，以问题做驱动，鼓励学生主动思考。在这些环节实施后，紧跟检验学生是否掌握的适宜的评价方式。

古建筑错落有致的空间结构，延绵醇厚的时间序列，不断积淀的人文内涵，是一个多层次、多维度、跨年代的艺术，教师在教学实施中通过创设情境、问题驱动诱发学生思考。通过团队任务、项目探究的评价方式激发学生主动承担任务，收集资料，分析因果，探究问题。

学生在问题驱动下解读自己的观点可选多个角度：建筑的结构、功能、造型、组合、色彩、图案。也可选多个结合点：音乐、绘画、文学、诗词、科技等，以此来证明自己的观点。综合形成一个主观的审美判断，教师由此判断学生的感知状况。通过引导学生发现问题，辩证思考，学以致用，最终落实到古建筑是一个国家的文化的重要载体，如果没有这些中国古建筑，那么我们五千年的民族文化将缺乏实证；如果没有这些古建筑，那我们的大国匠心将无从谈起；如果没有这些古建筑，那我们祖国的大好河山也将黯然失色。爱护、保护我们的古建筑，将中国文化继续传承，从而达到教学评一致性。

(三)"五育融合"理念下的全学科美育融合

语文案例：《四季之美》是部编版语文五年级上册第23课的一篇写景散文，作者从一年四季，选择了一天内四个不同的时段，择取这个时段的景象中的"静中之动"，让读者从细微的动态美和和谐的静态美中感受四季之美。课堂上通过析词品句，感受景致意境之美，感悟语言文字之美；通过美读轻诵，入于眼，出于口，闻于耳，记于心，把无声的美文变成有声的美音，体会自然之奇妙、情趣之优美、韵味之独特；通过妙笔多练，借鉴作者表现"美"的方法，描绘眼中之美、心中之美，以美感人，传递生活之美，向美而行。

数学案例：小学数学中蕴含着丰富的美学资源，数学的美是理性的美，空间形式、数量关系、数字的奥秘……这些都为数学提供了极其丰富的内容，使它处处充满美的情绪，美的感受，美的表现，美的创造。在教学青岛版数学教材四年级下册《轴对称图形》一课时，新课伊始，老师把学生带进秋天的童话情境当中：秋天的枫林深处，满地落叶，两只蝴蝶翩翩起舞。老师问："这些图案美吗？"教师适时出示蝴蝶、枫叶的特写镜头，让学生再仔细观察，进一步感知探究轴对称图形。教学中，学生不仅收获了知识，更真真切切地感受到了对称图形的美，数学中对称美在这里体现得淋漓尽致。

劳动案例：学校以"爱劳动、爱生活、乐探索、乐创造"为教育目标，在劳动实践活动中培养学生的劳动精神、锻炼劳动技能、创新劳动思维，让劳动之美流动在整个校园，在孩子们的心田生根发芽，开出最美的劳动之花。

道德与法治案例：《吃饭有讲究》是人教版《道德与法治》一年级上册第三单元第10课，教师带领学生穿越历史的长河，了解我国从远古社会、周代、春秋战国时期、清代直到现代吃饭礼仪的传承过程，让学生知道我们中华民族乃礼仪之邦，敬老爱老代代相传，让学生受到美的熏陶，并在心中植入中国心、民族魂、文化根，培养文化自信。最后，通过表演的形式让学生在活动中展示行为美、感受心灵美，从而实现让课堂贴地而行，让立德树人的要求在课堂中落地、扎根、发芽。

综合实践活动案例：《纸雕花球》一课让学生通过亲身实践掌握了制作纸雕花球的方法和技巧，然后将一张张平面的纸折成了美丽的花，组成了立体的花球，让学生在创意实践中受到美的熏陶，提高学生对纸雕艺术的造型、色彩搭配等的审美能力，体会艺术美无处不在。

心理健康案例：我校推行"心育"与"美育"相结合的心理健康工作模式，"以美育心，以心尚美"，让每一位东门学子都在"美育"的滋养下拥有乐观积极的健康心灵。如《相信自己能行》一课的教学，在帮助学生树立自信、增强自信的过程中，使学生在看中激趣、玩中悟理、议中求真，启发学生发现自己的"美"，充分肯定自我，悦纳自我，培养学生正确的人生观和价值观。

信息技术案例：3D打印技术可以让学生将艺术作品的创意和想象打印成实际模型，3D打印不仅是科技创新与艺术的融合，还蕴含着丰富的科学美。

四、文化育人，优化生态美育环境建设

我校将环境建设与校园管理、美育课程和教学建设统一起来，有目的、有计划、有组织地引导师生和家长共同参与设计和建设，在共创、共享、共

赏环境之美中进行爱校教育。师生共同美化校园，家校共建赏石馆，把赏石与地质科普教育相融合，快乐观赏石，感悟真善美。孩子们在文化活动的美育影响中，逐渐形成阳光、向上、自信的精神气质和生活样态。

我校还开展了丰富多彩的读书节、艺术节、科技节、体育节等文化活动，全面实施了艺体教育"2+2项目工程"，即每个学生至少掌握2项体育运动技能和2项艺术技能，初步形成了"一校多品"的发展格局。

济宁市东门大街小学"2+2项目工程"一览表

学科	校区	"适美"课程
音乐	东门校区	陶笛
	文体校区	葫芦丝
	创业城校区	葫芦丝
	运河校区	葫芦丝
体育	东门校区	传统武术、篮球
	文体校区	韵律操、足球、排球
	创业城校区	排球、足球
	运河校区	花样跳绳、武术
美术	全校	四年级版画

2018年5月30日，学校校外辅导员石光亮市长参加了我校艺术节活动，对我校的美育工作成果给予了充分的肯定。

五、研训一体，配齐配好美育师资队伍

我校充分认识到美育师资队伍的培养是开展好美育工作的前提，明确了"依靠教师、服务教师、发展教师、激励教师"的校本培训和校本教研工作指导思想，积极打造教师团队发展共同体，培养全体教师发现美、欣赏美、创造美的意识和能力，增强人人都是美育工作者的责任心和使命感。

1. 优化"1+N"教师团队发展模式。通过成立东门大街小学教师专业发展委员会、名师工作室、师徒结对发展共同体，以及党支部彩虹专业行动等举措，优化东门大街小学基于"同伴互助、携手共进"校本培训理念的"1+N"教师团队发展模式。

2. 实施量体裁衣订单式培训方式。依托青年教师俱乐部形式，根据不同阶段、不同学科教师特点，广泛征集培训需求意向，精心编排课程，青年教师根据自己的短板和爱好自主选择课程。

3. 深化"五维同步"教研体制。坚持"聚焦课堂，聚力教研，多措并举"的校本教研指导思想，形成了"随堂即时教研、天天网络教研、单周小教研、双周大教研、每月专题教研"的"五维同步"校本教研体制，有力促进了教研活动的深入开展，提高了教师的审美能力。

基于"生根校园、直抵教师、服务课堂"理念的研训一体化举措，促进了我校教师专业素养的快速提升。仅17人的美术教研组就先后培养出国家级优质课获得者1人、省教学能手2人、省基本功一等奖2人、市优质课一等奖2人、区教学能手4人。美术教研组在两位组长的带领下人人有课题、人人有特长、人人有工作室，先后荣获"济宁市工人先锋号""济宁市美术学科艺术教育先进集体""区美术学科建设高地"等称号。

六、硕果累累，美育实践探索初显成效

我校美育课程与课程美育一体化推进的实践探索，激发了全体学生的艺术兴趣和创新意识，培养了学生健康向上的审美趣味、审美格调，全体学生均可掌握1~2项艺术技能。我校累计获得美术、书法作品国家级奖223人次、省级奖359人次。音乐类奖项国家级奖188人次、省级奖191人次。体育类奖项国家级奖61人次、省级奖85人次。学生作品在"安东·切克夫和他作品中的人物"第四届国际少年儿童艺术大赛中获得金奖1名、银奖4名；藏麟阁同学赴中央电视台少儿春晚进行古筝演奏；赵星涵同学荣获2019年"全国国际象棋青少年锦标赛冠军"，刚刚又被评为"山东省新时代好少年"；刘苏鸣和陈睿萱同学获"第十六届全国中小学信息技术创新与实践活动"一等奖。

今年3月21日，中国教育报刊社副社长、《中国教师报》总编辑雷振海，《中国教师报·现代课堂周刊》主编褚清源，《中国教师报》"课改中国行"活动执行人杨智伟等专家，到我校指导工作。3月27日华东师范大学基础教育改革与发展研究所五育融合研究中心授予我校"全国五育融合实践联盟校"称号，宁本涛教授到校指导工作。省教科院美术教研员肖钢老师在市美术教研员曹东平老师、区教研中心刘辉主任、小学教研室曹清梅主任陪同下到校

指导美术教学工作。3月21日中国教科院《中国德育》杂志社发展中心、全国德育协同创新中心赵广忠主任到学校开展德育工作交流指导活动。

泰戈尔说:"因为相信,所以看见!"相信通过我校持之以恒的美育课程和课程美育一体化推进工作的深入开展,定会让每一个孩子都能成为最美的自己!知其美,行其美,美其美!

适其性，美其美

——"适美"校本课程体系整体设计方案

济宁市东门大街小学始建于1948年，目前共有东门校区、文体校区、创业城校区、运河校区4个校区。学校现有学生6609人，共129个教学班，教职工309人。学校坚持"适其性，美其美——让每一位学生成为最好的自己"的"适美"教育办学理念，积极践行"赏识生命、滋润心灵、启迪智慧"的教育价值观，大力弘扬"厚德致远，敢为人先"的学校精神，通过"以文化引领方向，以课程推动发展，以特色提升品质"的办学思路，按照"文化共融、资源共享、合作共赢、品牌共创"的集团化办学模式，促进了学校多校区"和谐同步、特色彰显"的优质均衡发展。

学校先后荣获全国学校艺术教育先进单位、全国青少年校园足球特色学校、全国青少年校园排球特色学校、全国国学经典教育联盟、全国红旗大队、山东省中小学德育工作先进单位、山东省教学示范学校、山东省校本研究先进单位等多项荣誉称号，赢得了社会各界的广泛赞誉。

课程是学校教育教学活动的基本依据，是学校人才培养的"施工图"。为丰富和拓展国家课程和地方课程育人目标，彰显学校办学的个性理念，为学生的终身发展奠基，济宁市东门大街小学从学校课程现状、课程资源、可持续发展需要、外部环境以及教师、家长、学生对课程方面的需求和建议等因素反复研讨论证，决定以"符合学校实际，以学生可持续发展为动力和途径，以培养学生的综合素养和鲜明个性，实现学生终身发展为目的"的课程方略，将国家课程、地方课程、校本课程三级课程统筹起来，以"选课走班、大小课堂"为实施突破口，创造性地开发"适美"校本课程体系，打造独具特色的校本课程样板项目，以点带面，全力推动学校课程体系建设，不断完善课程的三级目标管理，为学生的全面加个性发展创造更为广泛的空间。

一、指导思想

在"适美"校本课程体系开发、实施、评价的过程中，学校遵循"三个结合""三个坚持"的指导思想。

"三个结合"即把课内外的教学与活动结合起来，把全员参与与个性发展结合起来，把综合基础与特长特色结合起来。

"三个坚持"一是坚持德育为先。把社会主义核心价值观体系融入国民教育全过程。二是坚持能力为重。优化知识结构，丰富社会实践，强化能力培养，着力提高学生的学习能力、实践能力、创新能力，教育学生学会知识技能，学会动手动脑，学会生存生活，学会做人做事，促进学生主动适应社会，开创美好未来。三是坚持全面发展。坚持文化知识学习与思想品德修养的统一、理论学习与社会实践的统一、全面发展与个性发展的统一。

二、开发原则

1. 整体性原则。着眼于学校课程的整体开发，兼顾国家课程、地方课程和校本课程，同时关注学生发展和教师课程能力的提高，保证课程管理工作前后连贯、可持续发展。

2. 过程性原则。课程管理不仅是事务性处理，还要保证学校课程工作的有序运行，关注课程流程上的每一个环节运行状态，进而保障整个课程开发、实施、评价流程的顺畅。

3. 主体性原则。突出学校管理主体、教师主体和学生学习主体的共同参与，关注课程领导者、教师和学生的课程管理意识、课程发展能力。

4. 发展性原则。在不断地研究、尝试、改进过程中，促进课程管理机制的不断优化，实现课程管理系统以开放创新、螺旋上升的状态运行。

三、课程目标

（一）总目标

培养学生"六个学会"：学会做人、学会学习、学会健体、学会尚美、学会劳动、学会创造。

（二）具体目标

1. 养成爱祖国、爱人民，关心他人、关心集体，认真负责、诚实勤俭、勇敢正直、活泼向上等良好的品德修养。

2. 具有良好的学习习惯，主动学习、学会学习，具备阅读、表达、信息运用等基本知识和技能。

3. 拥有健康的身体和健全的心理。热爱生活、乐于与人交往，有良好的沟通能力，有健康的审美情趣。

4. 形成较为广泛的兴趣。尤其在艺术、体育、科技创新等方面具有较浓的学习兴趣，每个学生掌握两项艺术技能和两项体育技能。

四、课程内容

我校通过校本课程的开发，设置了人文类、艺体类、学科拓展类、社团活动四大类校本课程。具体内容如下表。

"适美"校本课程体系结构框架表

适美校本课程	人文类	厚德课程	"五个一"红色课程、"适美"主题月课程、劳动美课程等	必修
		养习课程	"幸福四礼"体验课程、安全演练、传统节日教育、经典诵读等	必修
	艺体类	艺术课程	舞蹈、合唱、葫芦丝、陶笛、创意美术、儿童画、中国画、版画、剪纸、彩陶、书法等	选修
		健体课程	篮球、足球、排球、武术、轮滑、花样跳绳、中医、八段锦等	选修
	学科拓展类	科普课程	科学探究、趣味数学、STEAM创客、无土栽培、电脑绘画等	选修
		兴趣课程	数学阅读、英文歌曲、课本剧、童谣、绘本欣赏、演讲与主持等	选修
	社团活动		五禽戏、书法社、合唱团、管乐队、绳彩飞扬、古筝、象棋、国际象棋等	选修

五、课程实施

校本课程是国家课程、地方课程的补充延伸。学校通过实施"选课走班、大小课堂"的形式，避免了三级课程安排上的冲突。学生可以根据自己的爱好选择校本课程进行学习，极大地丰富了学生的综合性学习。

（一）优化管理

根据课程性质和需要，全校统一调控安排上课时间和场地，每学期由任课教师先期进行校本课程学习常规的培训。

（二）灵活安排

主要采取选修与必修相结合，分散与集中相结合，固定与灵活相结合的方式实施。

1. 共性课程全班上。对经典阅读、硬笔书法等学生选择比较集中的课程，采取原班级上课方式。

2. 个性课程走班上。对舞蹈、武术等学生选择程度不一的课程，整合课程资源，统一调整时间、地点、授课教师，实施选课走班制。

3. 特色课程外聘制。对古筝、国际象棋等专业性强、师资匮乏的课程，学校通过第三方服务机构聘请专家授课。

六、课程评价

我校"适美"校本课程的评价基于"教学评一致性"原则，构建过程评价、增值评价、结果评价以及综合评价四位一体的多维立体评价体系，以学习方式、学习过程、学习结果和成果展示为具体评价指标，旨在从校本课程活动中全面了解和掌握学生素养发展状况，增强教师和学生的课程意识，推动师生专业增值，完善校本课程，提升质量，实现学生与教师、学校发展的共赢。

（一）评价原则

校本课程的评价注重学生在学习过程中的体验，尊重多元，鼓励并尊重学生极富个性的自我表达。

1. 综合性原则。根据校本课程中不同活动的知识结构特点，不但对学生在活动中掌握的知识技能进行评价，还包括参与活动的态度、学习用具准备、学生的情感态度等，力求综合全面地对主体实施评价。

2. 主体性原则。强调学生的自我评价以及在评价中的主体地位。学生在活动中找到自信，感受乐趣。在评价中，关注活动过程，充分尊重主体个性特点和主体之间存在的差异性，全面综合地进行评价。

3. 发展性原则。既强调学生之间的比较，又凸显个人的自我成长，同时促进教师反思自身，实现师生的自我增值。

4. 多元性原则。评价内容、评价标准、评价形式要表现出动态、发展、多样化。比如，在小组项目化学习时，是否给予小组成员帮助；也可以看是否自觉地参与学习等。

（二）评价维度。我校"适美"校本课程的教学评价维度包含教师的"教"和学生的"学"两大块。

1. 教师层面。教师应注重校本课程与生活及其他学科的联系及整合，坚持教学内容的不断探索与创新。教学目标结合学生实际，体现特色，课程开发具有开放性和探究性。注重对学生习惯的培养，指导学生学会学习与创作。课堂注意创设情境，培养学生学习兴趣，引导学生主动学习。

2. 学生层面。关注学生是否全程参与学习，在学习过程中是否友好合作、积极交流。观察学生思维的独特性、创造性，是否具有自己独特的创意表达，学生的个性是否得以体现。

（三）评价要素

校本课程中，教与学是相辅相成、不可分割的组成部分。教师选择有利于学生发展的知识和技能，结合过程方法，组成校本课程的基本内容，精心设计教学过程。学生积极主动地参与其中，大胆表达创意。教学评价始终在教学与学习的过程之中，评价的核心是激励和指导师生更好地发展。

（四）评价方式

1. 过程评价。改变关注点，从关注结果转向过程。一方面是学习活动过程中，学生稳定的注意力、浓厚的兴趣等，另一方面是学习时应具备的认真态度、良好习惯等。以自评、互评和评价表的方式对学生进行课堂评价，使学生在活动中互动参与，促进每位学生在已有的基础上增强学习感受和体验。

2. 增值评价。增值评价是发展性评价，可以根据课程实施中某一阶段的表现性评价，分析不足，促进每个学生在已有水平上不断发展，体验成功。激发优异学生的潜能，使之更优；剖析低效能学生存在的问题，激活不同层次学生、教师的积极性。如以每个学生的原始成绩作为基准，将知识基础、方法能力、学习态度等考查结果与原始成绩进行比较，测量学生进步幅度。教师根据学生进步幅度分别用 A、B、C 三个等级进行评定，并给予适当奖励。

3. 结果评价。组织学生用成长档案等整理展示课程成果，记录成长历程，反思变化与成长。如将版画课程成果（师生版画艺术作品）与学校校园文化建设相融合，实现"以文化人、以美育人"的教育功效。

4. 综合评价。根据开展的不同活动进行全面综合的评价，树立"评价即学习，也即教育"的新观念。在实践中，不断改进和完善，力求评价的可操作性和合理性。

七、评价细则

（一）对学生的评价

1. 基础知识。根据学生对课堂上所学的内容中，用于解决问题的基础知识的掌握情况进行评价。

2. 方法和能力。主要根据学生平时学习过程中"课堂参与、与人合作"的表现，由教师用等级进行评价。

3. 态度习惯。主要对学生平时的"课前准备、学习态度、学习习惯"等课堂表现以及进步情况等进行评价。

4. 成果展示。每个学期，学校通过实践操作、作品鉴定、评比、汇报演出等形式展示学生成果并进行评价。

5. 增值评价。以每个学生的原始成绩作为基准，将以上四项考查结果与原始成绩进行比较，测量学生进步幅度。教师根据学生进步幅度分别用A、B、C三个等级进行评定，并进行表彰。

（二）对教师的评价

1. 教师教学必须有计划，有进度设置，有教案，有考勤记录。

2. 按学校整体教学计划的要求，达到规定的课时与教学目标。

3. 课程开展过程中注重学生学习兴趣的激发、学习习惯的培养，指导学生学会学习与创作。

4. 教师应保存学生的作品、资料及在活动、竞赛中的成绩资料。

5. 学校制定校本课程奖励制度，对参与积极、成绩显著的老师给予表彰。

6. 学校每年评选优秀校本课程案例、优秀校本课程成果，并给予表彰和适当奖励。

八、保障措施

（一）组织保障

学校校本课程管理的组织网络为课程实施提供了最基本的保障，并针对课程实施的具体运作进行灵活性和适应性的调控，建立课程组研究网络式管理系统。

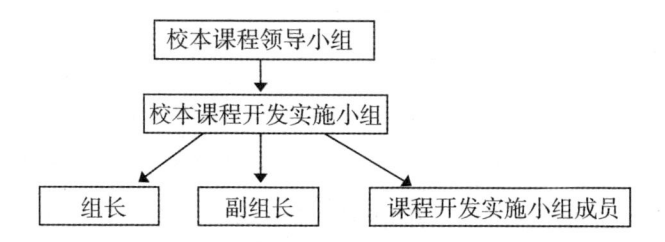

```
          校本课程领导小组
                │
          校本课程开发实施小组
         ┌──────┼──────┐
       组长   副组长  课程开发实施小组成员
```

校本课程领导小组：适度调控，支持指导。

校本课程开发实施小组：协调互动，反馈沟通。

（二）机制保障

学校制定了校本课程管理条例，规范学习、研究、考核、评价制度，使校本课程开发实施制度化、规范化。健全激励机制，设立校本课程研究奖、奉献奖，对参与校本课程开发与实施的成员评优、晋级等进行政策倾斜，激励全体教师人人参与校本课程开发与实施，推进教师队伍建设。

（三）经费保障

学校将保证校本课程开发与实施所需要的一切经费，购买课程相关的书籍资料，为校本课程组成员提供外出培训学习的机会。

（四）人员保障

校本课程开发与实施组成员都是本校的业务干部或骨干教师，工作踏实认真，科研意识强，多次参加过省、市级校本课程的开发研究工作，积累了一定的经验，这为做好校本课程的开发与实施工作奠定了扎实的基础。

（五）物质保障

学校为校本课程开发教师团队提供专业书籍、笔记本电脑等一切所需物质配备，为其开放阅览室和图书室，方便查阅相关资料。

《童心印迹——版画》校本课程纲要

课程名称	《童心印迹——版画》				
适用年级	四年级	总课时	32课时	课程类型	艺术课程
课程简介 (200字内)	《童心印迹——版画》是济宁市东门大街小学依据党的教育方针、国家和地方课程计划、济宁地区版画传统文化基础资源和师生的实际状况开发的一项校本课程,是学校"适美"校本课程体系中的艺术课程之一。本课程设置在四年级,每学期16课时,全学年合计32课时。版画课程融民族性、时代性、趣味性、创造性于一体,以版为"媒"诠释了具有济宁地域特色的中国传统文化元素,并使之焕发出新时代的文化韵味,有利于增强学生的民族自豪感,促进学生的个性发展。				
背景分析 (500字内)	1. 学校有基础。近几年,教育部和山东省教育厅多次下发关于加强美育的文件,东门大街小学积极贯彻上级要求,高度重视美育特色工作,先后荣获"全国艺术教育先进单位""山东省艺术教育示范学校""济宁市艺术教育特色学校"等称号。 2. 领导真重视。学校坚持"适美"教育理念,校长高度重视校本课程的研发,带领全体干部和美术教师团队参与其中,并在课程实施中给予人力、物力、财力的大力支持。 3. 团队有实力。美术教研组现有教师17名,有2人获评省教学能手,2人获省美术基本功一等奖,3人获省、市级优质课一等奖,4人获评区教学能手,是一支业务精湛、团结协作、勇于创新的优秀队伍。并且,老师们对版画创作具有一定的基础。 4. 区域有资源。济宁地区版画文化发展历史悠久,至今活跃着一批版画艺术民间爱好者。 5. 学生感兴趣。通过对学生问卷调查和家长调研分析,发现中高年级学生对于版画这一中华传统文化兴趣颇深。				

三、适美特色篇

续表

课程名称	《童心印迹——版画》
课程目标	学生层面： 1. 知识与技能：了解版画的发展历史，循序渐进地掌握水印、油印吹塑纸版画的创作技法，运用版画语言表现传统文化元素，表达自己的思想感情。 2. 过程与方法：通过自主、合作、探究的学习方法，以项目化学习为活动形式，体验学习版画知识与技能的乐趣，获得亲身参与实践的积极体验和丰富的经验。 3. 情感态度价值观：了解版画是优秀传统文化之一，激发学生热爱祖国，传承中华优秀文化的情感；在版画创作过程中，培养学生耐心细致、小组合作的良好品质，塑造健全人格；聚焦文化理解、审美体验、艺术表现、创意实践等核心素养，开拓学生的审美视野，并学以致用。 教师层面： 1. 教师通过参与开发和实施课程，提升课程意识、课程开发和实施能力，实现教师与课程共成长。 2. 促进教师专业化水平和中华优秀传统文化素养的全面提升。 学校层面： 1. 通过《童心印迹——版画》校本课程的有效实施，发挥校本课程的特有功能，打造具有济宁市东门大街小学风采的校本课程，促进学校的特色发展，形成办学特色。 2. 将《童心印迹——版画》课程成果与学校校园文化建设相融合，开展以美育为主题的校园文化特色建设，以美育人、以美化人、以美培元，实现"以文化人"的育人功效。
学习主题/活动安排(请列出教学进度，包括日期、周次、内容、实施要求)	1. 活动安排 | 学期	单元	主题	周次	课时	课程内容	实施要求
---	---	---	---	---	---	---
四年级上学期	第一单元版画介绍	版画初印象	第1周	1课时	了解版画发展历史，欣赏中国传统版画。	收集中国版画材料，了解世界版画知识，分析、交流版画知识。
			第2周	1课时	欣赏济宁嘉祥、梁山等地版画作品，感受济宁地域版画的特色。	课前组织学生和家长参观本地版画作坊，收集各种传统版画作品，通过小组交流分析版画创作技法。
		基本技法——水印吹塑纸版画	第3周	1课时	认识各种版画，了解吹塑纸版画的知识、工具和材料的特性，激发学生对版画的喜爱之情。	通过自主收集资料，了解各种版画，小组探究吹塑纸版画的各种工具材料及相应的使用方法和技巧。
			第4周	1课时	了解水彩笔水印版画的创新性技法，欣赏仿套色效果的彩色版画作品，培养学生创新意识。	通过师生交流，欣赏彩色版画，探究运用水彩笔、宣纸水印吹塑纸版画的技巧，了解水印步骤。	

133

续表

课程名称					《童心印迹——版画》	
学期	单元	主题	周次	课时	课程内容	实施要求
四年级上学期	第二单元版画表现	器物表现——济宁陶器	第5周	1课时	观察济宁博物馆藏陶器的造型特点，了解陶器的历史发展，并选择喜欢的陶器，设计草稿，培养学生对家乡文化的热爱之情。	参观济宁博物馆，实地观察馆藏陶器，小组交流陶器图片资料，分析后设计陶器草稿作品。
			第6周	1课时	完成过稿、制版，印制水印双色陶器作品，培养学生小组合作意识。	通过小组交流回忆水印技法，学生合作印制陶器，小组共研形成陶器册页。
		器物表现——青花瓷	第7周	1课时	欣赏青花瓷，感受青花瓷造型、色彩、纹饰之美；设计青花瓷草稿，培养学生对中国瓷文化的热爱。	通过收集青花瓷资料、分析青花瓷图片和制作方法的视频，了解青花瓷的相关知识；小组交流，探究青花瓷特点。
			第8周	1课时	完成过稿、制版，运用水印多色吹塑纸版画技法，突出青花瓷的色彩和纹饰之美，感受其艺术魅力。	通过小组交流青花瓷特点，合作水印青花瓷长卷。
	第三单元版画创作	植物创作——高洁的荷花	第9周	1课时	了解荷花在传统文化中的象征意义，分析荷花的特征，设计荷花草稿，体会荷花清纯高洁的文化内涵。	收集荷花的相关资料，了解传统名花，通过济宁小北湖荷花视频、荷花图片小组探究荷花的特征。
			第10周	1课时	完成过稿、制版，创作水印吹塑纸版画荷花作品；培养学生小组合作能力。	通过剪裁、拼合吹塑纸版，小组合作水印荷花长卷。
		纹样创作——敦煌花砖	第11周	1课时	欣赏敦煌花砖，感悟敦煌叠晕设色技法，用水印版画的方式拼合印制敦煌花砖图案；感受敦煌文化的博大精深。	课前收集敦煌花砖纹样、历史发展等材料；课中通过敦煌视频、铺地花砖图片等分析花砖特点，拼合印制水印花砖作品。

三、适美特色篇

续表

课程名称				《童心印迹——版画》	
	学期	单元	主题	周次	课时	课程内容	实施要求

学期	单元	主题	周次	课时	课程内容	实施要求
四年级上学期	第四单元版画韵味	嘉祥民俗——彩印花布	第12周	1课时	了解嘉祥彩印花布，欣赏图案内容、借鉴花布图案设计草稿，培养学生对家乡习俗的热爱。	访问彩印花布传承人马村镇李景春；通过花布制作视频，分析制作技法，小组合作设计新纹样。
			第13周	1课时	完成过稿、制版，借鉴花布色彩，运用水印吹塑纸版画技法合作印制大花布。	通过小组合作，剪裁水印作品，组合成大花布。
		春节习俗——岁朝插花	第14周	1课时	了解岁朝插花的习俗，分析插花的寓意、造型、色彩，设计插花草稿；培养学生对中华传统文化的热爱。	课前与家长一起了解并实践岁朝插花，感受春节习俗；课中通过欣赏插花作品，感受插花之美。
			第15周	1课时	完成过稿、制版，根据插花色彩，运用水印吹塑纸版画技法印制作品。	通过小组交流、合作，完成水印版画的创作步骤，印制插花作品，形成小组册页。
	第五单元展示评价	我的水印版画收获——学期总结	第16周	1课时	总结一学期的水印版画学习，展示创作作品，评出最佳成长夹。	个人展示作品，小组交流互评作品，展示最佳成长夹；说一说、写一写一学期的收获。
四年级下学期	第六单元版画技法	本地木版画印象	第1周	1课时	回顾版画发展历史，欣赏了解济宁鱼台木版年画等版画作品，开展本土文化带入课堂的版画教学活动，深入感受济宁地域版画的特色。	课前组织学生和家长拜访济宁市鱼台县李阁镇陈集村木版年画传承人陶运航，收集各种身边的传统版画作品，通过小组交流分析年画特色。
		吹塑纸版画——油印技法	第2周	1课时	回忆吹塑纸版画创作步骤，了解运用油墨印制的油印技法；养成学生温故而知新的好习惯。	通过小组合作复习上学期所学的吹塑纸版画知识，观看视频了解油印的创作步骤。

135

续表

课程名称					《童心印迹——版画》	
	学期	单元	主题	周次	课时	课程内容	实施要求
	四年级下学期	第七单元版画创作	十二生肖——吉祥的动物	第3周	1课时	了解十二生肖等传统吉祥动物，观察动物的造型特点，设计吉祥动物草稿，加深学生对吉祥动物的了解和热爱。	通过视频了解生肖等各种传统吉祥动物，小组交流分析动物的特点。
				第4周	1课时	完成过稿、制版环节，丰富学生视觉、触觉和审美经验，体验版画的活动乐趣。	通过自主探究完成水印吹塑纸版画创作的过稿、制版过程。
				第5周	1课时	运用油墨，油印完成吉祥动物吹塑纸版画，培养学生创意实践能力。	通过小组交流分析印版技巧，印制油印吉祥动物，小组合作制成册页。
		第八单元版画韵味	人物头像——千人千面兵马俑	第6周	1课时	欣赏了解兵马俑的形象特征，写生兵马俑头像，唤起学生对文物的重视与爱护之心。	课前跟随家长参观秦始皇陵兵马俑，查找相关资料，了解兵马俑；小组探究兵马俑的特点，写生头像。
				第7周	1课时	完成过稿、制版步骤；培养学生的爱国主义情操。	通过小组交流回忆油印吹塑纸版画创作过程，完成前三个步骤。
				第8周	1课时	运用油印吹塑纸版画塑造兵马俑造型之美，拼合成长卷，培养学生的合作意识。	通过小组交流回忆油印吹塑纸版画步骤，小组合作完成千人千面兵马俑长卷。
			人物剪影——家乡的汉画像	第9周	1课时	欣赏嘉祥武梁祠汉画像，分析人物造型特点，设计汉画像草稿，感受汉文化，传承家乡的文明，增强保护文物的意识。	课前和家长参与武梁祠博物馆汉画像研学活动，收集汉画像石资料；小组交流汉画像的特色、人物特征等知识。
				第10周	1课时	完成过稿、制版两个步骤，提高学生动手操作能力。	通过小组交流汉画像雕刻技法，回忆制版过程。
				第11周	1课时	印制油印武梁祠汉画像版画，创作组合作品，培养学生的合作意识。	通过小组交流探究印版技巧，裁剪纸版后组合印制油印作品。

续表

课程名称					《童心印迹——版画》	
	学期	单元	主题	周次	课程内容	实施要求
	四年级下学期	第八单元版画韵味	水印油印结合人物创作——孔子的故事	第12周	了解孔子的故事，体会孔子行迹图中蕴含的文化价值，观察人物动作、服饰等创作草稿，表达对一代先贤孔子的崇敬之情。	课前跟随家长参观曲阜三孔，查找孔子相关资料；通过小组交流，选择孔子故事创作草稿。
				第13周	完成过稿、制版两步骤，运用水印方法印制孔子的故事；获得对美术学习的持久兴趣。	通过小组交流回忆水印吹塑纸版画创作过程，印制水印作品。
				第14周	修整印版，在水印作品基础上添加油印，完成孔子故事；小组把作品拼合成长卷，培养学生的合作意识。	通过小组交流修整印版的要点，运用剪贴组合作品，小组合作完成孔子故事长卷。
		第九单元展示评价	版画作品展——学年总结	第15周	总结一学年的版画学习，进行自评、小组互评、教师评价和家长评价。	通过交流、互评作品，反思学习过程，写一写一学年的收获。
				第16周	举办班级和学校作品展，培养学生自信心；选出优秀作品悬挂到校园楼廊。	通过班级、学校集体展示作品，组织学生参观、交流，进一步提高创新实践能力；联系现实生活，将学到的版画知识学以致用，美化生活。

2. 活动安排说明

《童心印迹——版画》课程活动中，我们坚持由浅入深、由扶到放的教学原则选择活动内容，活动内容由易到难，逐级递进，具有连续性和整体性。以中华优秀传统文化（敦煌石窟、秦陵兵马俑、青花瓷、吉祥纹样）和家乡济宁传统文化（运河文化、儒家文化、始祖文化、民俗文化）为主线，着重以器物、植物、动物、人物为版画题材进行活动。

四年级上学期共设计了五个单元活动，包括版画的起源、发展历史、吹塑纸版画基本制作技法、儿童版画欣赏等活动内容，以水印版画技法进行创作。同时，通过实地调查、探究、实践等活动，挖掘济宁本地版画资源，引发学生对我国优秀传统文化、家乡本土文化等领域的探究。四年级下学期共设计四个单元活动，重点以油印版画以及水印和油印相结合等形式创作呈现，把传统文化与版画的色彩、肌理相结合，同时用夸张、写实等表现手法与不同的表现技法相结合，让版画更具内涵品味，创作方式与题材多元化，更具地方特色，让版画这一宝贵的传统文化真正传承发扬。

续表

课程名称	《童心印迹——版画》
评价活动成绩评定	评价说明： 《童心印迹——版画》校本课程评价以"教学评一致性"为原则，构建集过程评价、增值评价、结果评价及综合评价为一体的多维立体评价体系，形成科学的、符合时代要求的教育评价制度和机制，凸显教育评价实效，对师生获得长远可持续发展起到激励、引领作用。 通过学习方式、学习过程、学习结果和成果展示具体的评价指标，全面了解和掌握学生在版画校本课程活动中的艺术素养发展状况，增强教师和学生的学习意识，推动师生专业增值，完善校本课程，提升质量，实现学生与教师、学校发展的共赢。 评价原则： 《童心印迹——版画》校本课程的评价注重学生在版画学习过程中的体验，尊重多元化评价，鼓励并尊重学生极富个性的自我表达。 （1）综合性原则。根据版画校本课程中不同活动的知识结构特点，对学生在活动中掌握的知识技能进行评价，包括参与活动的态度、版画用具准备、学生的情感态度等，力求综合全面地对主体实施评价。如《敦煌花砖》这一课时，设计对学生绘画能力的表现性评价，还添加了对学生想象力、创造力等方面的评价，注重学生在版画活动中的实际体验和发展程度。 （2）主体性原则。本课程强调学生的自我评价以及在评价中的主体地位。版画课程是以学生制作活动为主的课程，学生在版画活动中找到自信、感受乐趣。在评价中，关注活动过程，充分尊重主体个性特点和主体之间存在的差异性，全面综合地进行评价。 （3）发展性原则。版画活动的评价目的，不仅是发现版画活动中存在的问题，更要通过评价促进学生版画创作能力的进一步提高，既强调学生之间的比较，又凸显个人的自我成长，同时促进教师反思自身，实现师生的自我增值。 （4）多元性原则。评价内容、评价标准、评价形式、评价主体要表现出动态、发展、多样化。比如，在小组项目化学习《敦煌花砖》时，评价时考虑是否给予小组成员帮助，也可以看是否自觉地参与敦煌文化的学习等。 评价维度： 文化理解：以《汉画像石》一课为例，这节课以嘉祥武梁祠汉代画像石为切入点，引导学生欣赏、体会、临摹画像石画面，通过欣赏创作，与古老文明对话，养成学生崇尚文明，传承优秀民族文化遗产的学习态度。 审美体验：在版画欣赏、临摹中感受体验到的印痕之美、稚趣之美。 美术表现：运用版画材料和美术语言，通过观察、想象、构思，表现创造视觉形象。 创意实践：如《汉画像石》一课，学生课前在项目化学习小组中自主收集资料，实地参观嘉祥武梁祠，锻炼自主学习能力，课上根据老师展示的画像石图片，探讨武梁祠画像采用的构图方法——复杂而又均衡匀称，具有浓郁的装饰效果，最后总结汉画像石的布局特点，总结得出用吹塑纸创作汉画像石版画的技巧，仿制一幅画像，达成课程的目标。

续表

课程名称	《童心印迹——版画》
	评价方式： （1）过程评价。改变关注点，从关注结果转向过程。学生的成长不但源自智力活动，更深层次的是取决于情感凝聚的热切度和专注度，取决于意志力量的自控度和持久度，取决于语商表达的确切度和精彩度。没有一个学生仅仅凭借着智商之高度，就能够克服学习过程中的艰难险阻、赢得贯穿过程始终的最后成就。 　　一方面是版画学习活动过程，学生是否具备创作版画的认真态度、良好习惯、稳定的注意力、浓厚的兴趣，即学习主体是否享受活动过程中的情意态度。另一方面是创作版画作品结果中所表现出来的知识和智力因素，如构图、着色等创作技巧。以自评、互评和评价表的方式对学生进行课堂评价，使学生互动参与，促进每位学生在已有的基础上增强学习感受和体验。 （2）增值评价。增值评价是发展性评价，可以根据课程实施中某一阶段的表现性评价，强调的是学生进步的增幅，而不是单调、机械的数字；强调的是学生较之原有学业的增值分，而不是孤立静态、固化凝滞的数量符号。借此分析不足，促进每个学生在已有版画制作水平上不断发展。掌握版画技能激发优异学生的潜能，使之更优；剖析低效能学生存在的问题，激活不同层次学生、教师的积极性。 （3）结果评价。组织学生用成长夹、画册等整理课程作品，记录成长历程、反思变化与成长。将《童心印迹——版画》课程成果（师生版画艺术作品）与学校校园文化建设相融合，实现"以文化人"的育人工程。 （4）综合评价。改变单纯以画面结果评价学生狭隘性和片面性，拓宽了评价的多元化途径，根据开展的不同版画活动进行全面综合的评价，树立"评价即学习，也即教育"的新观念。 　　在实践中，不断改进和完善，力求评价的可操作性和合理性。引导学生走向全面发展、全人格成长、全要素和谐生长的创新路径；同时，又不偏废学生或已经独具或已经形成的特色特长。

《童心印迹——版画》校本课程学生学习评价表

课程名称		班级		姓名		日期	
评价维度	评价指标						评价等级
文化理解	了解古今中外的版画艺术家及其版画作品，体会版画艺术家的情感及作品中的内涵。						
^	学会从文化的角度理解版画作品的鉴赏方法，形成自己的见解并有效表达自己的观点。						
^	探寻家乡版画资源，了解乡土版画资源的艺术价值，理解尊重文化艺术的多样性。						
^	认识优秀中华传统艺术的内涵及其独特艺术魅力，了解版画与文化的关系，形成对传统文化的认同感。						

续表

课程名称		《童心印迹——版画》	
	审美体验	欣赏版画作品，能够独立思考、感知、评价与判断，并通过语言、文字、图像等方式表达审美感受。	
		具有发现、感知、欣赏、评价美的基本能力，体验审美的快乐。	
		具有正确的审美情趣和审美价值取向。	
		能对特定的审美对象进行审视、体味与理解，形成艺术创作的基础和前提。	
	美术表现	运用版画材料和美术语言，通过观察、想象、构思，表现创造视觉形象。	
		掌握基本的版画创作技能与方法，表达自己的创作意图和思想情感。	
		具有艺术表达和创意表现的兴趣和意识。	
		通过创作与表达，体会版画学习的幸福和乐趣。	
	创意实践	能综合运用学到的版画技巧创作，在版画活动中突出创意实践。	
		结合其他学科知识不断进行版画的实践创新。	
		联系现实生活，运用美术表现能力解决生活学习中的问题，学以致用。	
		将美术知识向多视角伸展、多层次展现，在生活中拓展和升华，释放自己的独特个性。	
	自我反思		
	家长建议		
	教师建议		
注：A 表示"好"；B 表示"较好"；C 表示"一般"；D 表示"不理想"。			
主要参考文献	1.《中国校本课程开发案例丛书》，主编崔允漷、林荣凑等，华东师范大学出版社； 2.《基于标准的课程纲要和教案》，主编崔允漷、周文胜等，华东师范大学出版社； 3.《版画创作》，作者李永永，重庆出版社； 4.《项目化学习丛书》，作者夏雪梅等，教育科学出版社有限公司； 5.《中小学教师教学质量评价及其影响因素研究——基于增值性模型的分析》，作者梁文艳，北京师范大学出版社。		

校本课程《童心印迹——版画》教学方案（一）

单元	第三单元			单元课时	3课时
主题	敦煌花砖	总课时	1	第1课时	
背景分析	本课是《童心印迹——版画》课程第三单元第二课，属于本课程中版画创作单元的纹样创作主题。敦煌艺术集建筑、雕塑、壁画于一体，是人类的文化宝藏和精神财富。通过项目化学习，四年级学生对洞窟、花砖等有了初步了解。通过前期的版画学习，学生初步掌握了水印版画的步骤。同时，经过活动中的欣赏、观察和分析，学生了解了敦煌铺地花砖的图案布局、莲花纹样的设计元素等知识，创新设计出独特的花砖图案，运用唐代壁画中的叠晕设色法，创作水印花砖图案。激发学生对敦煌艺术和中国传统文化的热爱。				
教学目标	1. 了解敦煌花砖图案，借鉴唐代敦煌壁画的叠晕设色技法，运用水印吹塑纸版画的技法，设计印制拼合彩色花砖图案。 2. 运用项目化学习方式，学生在课前独立收集、分析资料。课上小组合作自主探究敦煌花砖纹样设计、纹样布局知识，交流分析敦煌壁画运用的叠晕设色法。借助微课，掌握创作技法。 3. 体验水印吹塑纸版画创作的乐趣，感受敦煌花砖的图案美、敦煌壁画的色彩美，激发学生对中华优秀传统文化的热爱，增强文化自信。				
评价设计	1. 学会从文化的角度对敦煌地砖进行鉴赏，形成自己的见解并有效表达自己的观点。 2. 了解唐代敦煌壁画的叠晕设色技法，提升审美感知。 3. 能运用版画材料和美术语言，通过观察、想象、构思，表现创造花砖形象。 4. 联系现实生活，将本课学到的版画技巧和叠晕设色知识学以致用，进行生活物品或室内装饰的设计与布置。				

续表

单元	第三单元	单元课时	3课时
学与教活动设计	活动一：欣赏敦煌文化，初识地砖图案 　　课件播放敦煌石窟视频短片，教师简单介绍敦煌石窟，引导学生把关注的焦点放在石窟地面上。板书课题：敦煌花砖 活动二：分析花砖图案，感受纹样美感 　　1. 交流课前学习成果，初步了解花砖图案 　　课前，学生在项目化小组学习中自主收集资料，并进行分析整理。 　　小组代表分别交流展示敦煌花砖纹样、模印制砖工艺、花砖作用、花砖发展历史四个方面的材料。 　　2. 细致观察花砖图案，体会古代工匠精神 　　课件展示花砖图案，组织学生欣赏。观察发现花砖图案中最多的形象——莲花纹。在专家确定的41种花砖图案中，仅莲花纹样就有28种之多。以莲花纹为例，小组交流分析古代工匠设计花砖的方法。教师总结：古代工匠运用概括、夸张的纹样设计各种花砖纹样。 　　3. 细致观察花砖图案，发现纹样布局规律 　　学生观察：花砖纹样布局有什么特点？对称布局给人什么感受？教师总结：对称布局让花砖图案具有优雅、稳定的和谐美。 活动三：学习创作技法，研究制作过程 　　1. 深入观察花砖图案，明晰花砖拼合创意 　　课件展示花砖图案，学生观察小动画，了解四分之一的花砖图案90度向心旋转拼合出完整的大花砖。 　　2. 欣赏学生版画作品，了解图案叠晕设色 　　展示学生范作，讨论：这些作品与我们刚才欣赏到的花砖图案有何不同？体会色彩凸显水印的特色。这种从深到浅的染色技法，是唐朝敦煌壁画藻井、边饰等常用的染色方法——叠晕设色法。在浅色层边上加勾白线，在深色层边缘画黑色增强色彩立体感。 　　3. 合作完成任务单，回忆水印版画步骤 　　我们曾经尝试过水印吹塑纸版画的技法，请看任务单，小组交流后完成创作步骤的排序任务。学生阅读注意事项，小组讨论后填上正确顺序。 　　教师展示各组排序任务单，明确水印吹塑纸版画创作步骤。	视频创设情境，学生了解敦煌石窟，初步感受花砖。 项目化学习，汇报探究成果。 探究花砖莲花纹样设计方法和图案布局特点，感受古代工匠智慧。 了解拼合花砖技法，为创作四分之一花砖图案做好铺垫。 欣赏了解敦煌唐代壁画图案叠晕设色方法。 通过任务单和微课，强化创作步骤。	

142

三、适美特色篇

续表

单元	第三单元	单元课时	3 课时
	4. 观看水印技法微课，总结水印花砖技巧 　　教师播放微课，组织学生回顾每一步骤的技法，进一步了解水印拼合花砖与以前不同的技巧。①设计画稿。借鉴花砖纹样，运用对折压印方法画出四分之一纹样。②彩笔过稿。把吹塑纸版放到画稿上，用水彩笔拷贝过稿。③铅笔制版。用秃头铅笔沿画稿只刻画出线条。④印制作品。先对折宣纸，再分两次喷湿宣纸，选择用深浅不同的彩笔叠晕涂色，宣纸半干时用手轻轻压印，再次涂色并90度向心旋转吹塑纸版再次压印，反复四次完成作品。 　　活动四：传承创新图案，水印拼合花砖 　　1. 教师布置作业：请发挥你的聪明才智，借鉴敦煌花砖图案设计属于自己的独特花砖纹样，用水印吹塑纸版拼合色彩丰富的花砖图案。 　　2. 在学生创作作品时，教师进行辅导，及时给予指导和帮助。 　　活动五：展示评价作品，分享创作乐趣 　　展示学生作品，师生分别从图案设计、印制色彩等方面自评、互评、师评，并运用学习成长单进行综合评价。 　　活动六：课堂延伸拓展，传承敦煌文化 　　教师总结：在数千年的艺术长河中，历代的能工巧匠发挥想象力，创造出各种精美绝伦的敦煌花砖图案。许多艺术家借鉴敦煌花砖图案，设计了床上用品、抱枕等生活用品，让传统之美处处可见。大家的作品也能布置到自己的房间，美化我们的生活。相信在不久的将来，同学们能设计出更多具有传统艺术气息的生活用品，令传统文化更加熠熠生辉。		多种形式的评价，学生体会水印版画的创作乐趣。
备注	本课例发表于《中国美术教育》2020年第二至三期		

校本课程《童心印迹——版画》教学方案（二）

单元	第八单元			单元课时	9课时
主题	家乡的汉画像	总课时	3	第1课时	
背景分析	本课是《童心印迹——版画》校本课程第八单元中的第二课，是学生掌握了人物头像创作技法后进行人物全身像的创作。武梁祠位于济宁市嘉祥县，其中的汉画像石展现了汉代神话故事、民间风俗等内容，融合了绘画和雕刻艺术，被称作"一部刻在石头上的汉代史"。学生通过欣赏、体会、临摹这些画面，了解了武梁祠汉画像石的艺术特色、造型特点，并在利用版画仿制画像的过程中，学习了人物版画的创作技巧。形象的故事情节，更是让学生感受到汉代社会生活气息。同时，学生在版画创作中也培养了良好的品质和对家乡文化的热爱之情。				
教学目标	1. 了解嘉祥武梁祠汉代画像石，运用吹塑纸版画的技法，仿制一幅汉画像，提高人物造型能力，体验吹塑纸版画人物造型的乐趣。 2. 学生自主收集资料，小组合作观察，分析画像石，在研究性的学习中提高综合解决问题的能力。 3. 通过欣赏创作，与古老文明对话，增强学生传承优秀中华文化遗产的意识，鼓励学生保护文物，传承家乡的文明。				
评价设计	1. 能积极探寻家乡版画资源，了解武梁祠汉画像石的艺术价值，做到理解尊重家乡文化艺术的多样性。 2. 能大胆评述汉画像石的艺术特色，了解其与版画的关系，形成对传统文化的认同感。 3. 用基本的版画创作技巧，模仿画像石人物特点进行创造，表达自己的创作意图和思想情感，体会版画学习的幸福和乐趣。 4. 将仿画像石版画作品进行分享，多方位展现，在生活中拓展和升华对传统文化的热爱，释放自己的独特个性。				

三、适美特色篇

续表

单元	第八单元	单元课时	9课时
学与教活动设计	活动一：探寻家乡文化，初识嘉祥武梁祠 师生共同走进嘉祥武梁祠，教师介绍：我们家乡的嘉祥武梁祠，被国家列为第一批全国重点文物保护单位。 板书课题：家乡的汉画像 活动二：剖析艺术特点，了解欣赏画像石 1. 学生汇报通过项目化学习了解到的武梁祠知识。 教师总结：武梁祠汉画像石具有极高的艺术、考古和史学价值，被誉为中国古代民族文化之瑰宝。 2. 观察画像石，师生探讨武梁祠画像采用的构图方法。在一层中包括多个不同的画面和人物，构图复杂而又均衡匀称，具有浓郁的装饰效果。 3. 视频播放雕刻方法，学生小组交流后汇报。 教师总结：先将石面磨平再勾出物像，然后把物像周围部分凿去，使画面浮起造成阳纹轮廓，最后在阳纹上用阴线精雕细刻而成。画面工整朴实，具有严谨、朴素、古拙的写实特色。 活动三：观察造型布局，研究《三皇五帝图》 1. 观察画像石的整体布局。分《三皇五帝图》《北斗星君图》《车马出行图》三层。各种形象千姿百态，动静有致，造型准确而细致入微。从线条上看，造型极具概括力和表现力。 2.《三皇五帝图》居第一层，其上刻画着几位帝王？十位古代帝王分别是：伏羲、女娲、祝融、炎帝、黄帝、颛顼、帝喾、尧、舜、禹。这些帝王哪里不同？ 手里拿的物品不同。伏羲所持的规矩，是人类最早使用的"观日测时"的工具。神农所持的是耒耜，大禹所持的是青铜耒耜。 衣着服饰不同。伏羲、女娲、祝融和神农的简朴衣冠，表明他们所处的时代较为原始。五帝豪华的冕冠和精美的深衣，不仅表明他们的帝王身份，也象征了一个新文明时代的开始。图中的各种服饰，被描绘得精致而具体，是社会生活的真实写照，也从一个侧面反映了历史发展的轨迹。 人物动作不同。画面以一列前后相继、正在行进中的古帝王，来表现历史的传承有序。伏羲、黄帝、禹这三位人物，被描绘成回头向后看的姿势，回头向后来者示意的同时，左手指向前方——承前启后，	视频创设情境，学生初步感受武梁祠。 学生课前自主收集资料，汇报探究成果，锻炼了项目化学习能力。 探究汉画像石的构图制作方法，感受古代工匠的智慧。 了解汉画像的细节，为下一步吹塑纸版构思画稿做好铺垫。 欣赏拓片的作品，进一步感受汉画像作品。

145

续表

单元	第八单元	单元课时	9课时
	这种象征意义被生动地展现出来。 活动四：欣赏研究拓片，拓展画像石知识 为了更好地欣赏研究汉画像石，人们制作了许多汉画像石拓片，和我们创作的吹塑纸版画类似。课件播放历史故事、孝义故事、列女故事等画像石拓片，学生进一步了解汉画像石。 活动五：学生创作，教师辅导 1. 教师布置作业：选择汉画像中喜欢的人物形象，模仿画出草稿。 2. 在学生创作草稿时，教师进行辅导，及时给予指导和帮助。 活动六：展示评价作品，分享创作乐趣 展示学生草稿作品，从构图、人物衣着、动作等方面进行自评、互评、师评。通过填写学习成长单组织学生综合评价。 活动七：课堂延伸拓展，激发创作激情 教师总结：这节课我们绘制了草图，下几节课我们将完成过稿制版和印制等步骤，精彩的作品就会出现。 课件展示完成作品范作。 希望同学们不仅用画笔描绘，还要用心灵感悟，把我们家乡独特的汉画像石资源分享给更多的人，一起感悟中华灿烂的文明。		多种形式的评价，促进个性发展，让学生感受到创作的乐趣。 拓展环节展示范作，令学生产生创作兴趣，为以后的创作进行了铺垫。

校本课程《童心印迹——版画》教学方案（三）

单元	第八单元			单元课时	9课时
主题	孔子的故事	总课时	3	第1课时	
背景分析	本课是《童心印迹——版画》人物创作的最后一节课，也是水印和油印技法综合使用的创作课。孔子是儒家学派的创始人，也是我国古代伟大的教育家、政治家、哲学家，他所创立的儒学博大精深，构成了中华民族传统文化的基础。身在孔子故里，学生通过项目化学习、查阅图书、上网搜索、实地调查采访等活动了解孔子的生平故事、重要思想及其对历史和现实的影响。借鉴《孔子圣迹图》创作吹塑纸版画，运用水印和油印结合的方法准确表现故事中人物动作、春秋战国时期的服饰、建筑、生活用品等形象，促进学生弘扬孔子文化，关注并热爱传统文化，塑造学生美好的心灵。					
教学目标	1. 对孔子有初步的认识和了解。知道孔子是我国最伟大的教育家、儒家学说的创始人。运用水印油印结合印制吹塑纸版画表现孔子生平的小故事。 2. 学生自主收集资料处理信息，获取孔子的相关知识。提出自己感兴趣的问题，并通过小组探究活动解决问题。 3. 了解孔子思想对中国及世界历史文化发展的影响，感受中华民族对世界文明的重大贡献。				
评价设计	1. 了解《孔子圣迹图》作品的内涵，形成自己的见解并有效表达自己的观点。 2. 探寻家乡的儒家文化，认识优秀中华传统艺术的内涵及其独特的艺术魅力。 3. 运用版画材料和美术语言表现孔子的故事，表达自己对孔子的情感和对传统文化的热爱。 4. 将孔子的故事版画作品集结成册，向大家宣讲，做传统文化的传播者。				

续表

单元	第八单元	单元课时	9课时
学与教活动设计	活动一：齐诵《学而》，初识圣贤孔子 　　请同学们看一段影像——祭孔大典上的诵读。大家一起诵读《学而》。这穿越时空的吟唱仿佛把我们带回到2000多年前，去亲耳聆听一位圣人的谆谆教诲，同学们一起告诉老师，他是谁？孔子，姓孔名丘，字仲尼，是我国春秋时期的鲁国人，就是我们济宁曲阜人。是中国著名的思想家、教育家。今天我们走近这位被尊为圣贤的老者，了解他的故事，共同感受他的睿智、儒雅。 　　板书课题：孔子的故事  　　活动二：汇报调查情况，感受孔子的人格魅力 　　1. 教师带领学生走进"三孔"，实地考察。分别以"曲阜三孔""孔子的生平""孔子的思想""孔子的故事"为主要内容进行小组展示汇报。 　　2. 教师适当补充资料：济宁曲阜的孔府、孔庙、孔林，统称"三孔"，是中国历代纪念孔子、推崇儒学的表征，以丰厚的文化积淀、悠久的历史、宏大的规模、丰富的文物珍藏，以及科学艺术价值而著称。 　　孔子相传有弟子三千，与弟子周游列国十四年，晚年修订《诗》《书》《礼》《乐》《易》《春秋》，把2000多年前的古文明典籍保存流传下来，是孔子给世人的巨大贡献。 　　"仁"是孔子整个思想的精髓。孔子的仁爱、礼让成为我们中华民族悠久而美好的道德文明的象征，在世界上也有着广泛的影响。 　　活动三：背诵《论语》名言，深入了解孔子 　　1. 孔子的思想学说和生平事迹，弟子们各有记录，后来汇编成一本书，名为《论语》。你知道哪些《论语》中的句子？生："三人行，必有我师焉。""有朋自远方来，不亦乐乎？"……这些名言，同学们要学以致用，指导我们以后的学习。 　　2. 孔子提出的有教无类、学思结合、知行统一、因材施教等一系列极富思想内涵的教育观点，成为人类几千年取之不尽、用之不竭的教育思想宝库和精神财富。  　　活动四：欣赏《孔子圣迹图》，了解艺术特色 　　为了纪念孔子，人们绘制了《孔子圣迹图》。从明代起，流传至今已有500多年，以时间为经、事例为纬，反映孔子的生平事迹，是我国现存最早的反映人物事迹较全、具有完整故事情节的连环图画，是一部形象化的孔子编年史。不仅是我国文化艺术宝库中的珍贵遗产，而且具有较高的历史价值、审美价值和收藏价值。	视频创设情境，学生齐诵，初步感受教育家孔子。 学生课前自主收集资料，分组汇报探究成果，多方面了解孔子。 讲解孔子小时候勤奋读书的故事、孔子学琴的故事、三月不知肉味的故事…… 学生背诵论语，感受孔子的思想 欣赏《孔子圣迹图》细节，为下一步吹塑纸版构思画稿做好铺垫。	

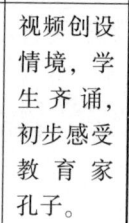

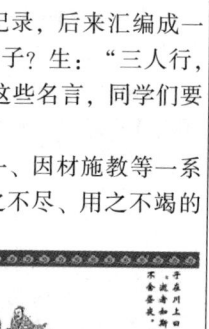

单元	第八单元	单元课时	9课时
	《孔子圣迹图》中哪些故事是你熟悉的？观察图中人物的动作和服饰、生活用品、交通工具、房屋建筑有什么特点？学生欣赏《孔子见老子》等故事，分析人物动作、服饰等细节。 活动五：欣赏学生作品，开拓学生思维 　　课件展示学生水印和油印作品，学生分析作品构图、人物形象、周围景物等。 活动六：学生创作，教师辅导 　　选择喜欢的孔子故事，画出草稿。在学生创作草稿时，教师进行辅导，提醒学生注意构图、人物衣着、景物等变化。 活动七：评价作品，分享乐趣 　　教师展示学生作品，师生从构图、制版方法、课堂表现等方面自评、互评、师评。填写学习成长单，完成综合评价。 活动八：课堂小结 　　这节课我们了解了孔子的故事，绘制了孔子的故事，你有什么感受？《孔子的故事》给了我们一次灵魂的洗礼，也希望大家不要忘记孔子给予我们的教诲，认真做好每一件事。	多种形式的评价，促进个性发展，让学生感受到创作的乐趣。 学生表达对孔子的感受，进一步激发对传统文化的兴趣。	

四

适美课堂篇

《吃饭有讲究》教学案例

教学目标：

1. 学会"七步洗手法"，知道用餐卫生的重要性，养成良好的卫生习惯。

2. 引导学生联系自身生活经验，辅之绘本学习，了解用餐的基本礼仪，感受到用餐礼仪的历史渊源，产生文化认同感。

3. 在情境化学习中感受到用餐文化中蕴含的家庭情怀。

教学重点和难点：

1. 引导学生初步养成良好的饭前饭后的卫生习惯，学会一些基本的用餐礼仪。

2. 学生能深层学习到用餐礼仪中的文化，并联系日常生活经验，让学习、德育融入生活。

教学过程：

一、乐猜谜语，激趣导入

（一）同学们，今天老师给大家带来了一位神秘的小伙伴，想知道它是谁吗？

（课件出示：身体细长，兄弟成双，只会夹菜，不会喝汤）

请学生猜谜语。

筷子兄弟高兴坏了，快和它们打个招呼吧。

（课件出示：筷子兄弟图片）

（二）我们什么时候用筷子？（请学生回答）

饭在哪儿呢？请小朋友们闭上眼睛，老师给大家变一变。

（板贴食物图片）

二、活动体验，知行合一

（一）活动一：让"洁净之花"绽放

1. 评一评：有位小同学听说这里有这么多美味的饭菜，也想吃。但是吃饭前要洗手，我们先来看看他的小手洗得干净吗？

（课件播放视频：小朋友错误洗手）

请学生评一评视频中小朋友洗手存在的问题。

2. 听了大家的评价，小朋友并不服气，怎么办？筷子兄弟为我们请来了好帮手——显微镜博士，让它来看看他的手到底有没有洗干净。

看一看：显微镜下的小脏手（课件出示：显微镜下的细菌图片）

3. 想一想：我们之前是怎么洗手的呢？我们之前的洗手方法正不正确呢？

请学生思考、回答。

同学们，请伸出你的小手，现在还觉得它干净吗？

4. 学一学：我的小手真干净

（课件出示：洗手秘诀儿歌）

哪位识字大王来给大家读一读？请学生读。

学习"七步洗手法"。

课件出示第一步：手掌相对，搓搓，搓搓。

大家互相做给同桌看。

课件出示第二步：手心手背，背背，背背。

抽学生演示。

课件出示第三步：五指张开，交叉，交叉。

为什么要交叉？请学生说理由。

课件出示第四步：两手相握，扭扭，扭扭。

强调关节处也是细菌最爱藏身的地方，并请学生学着做。

在我们的五根手指里，哪根手指最辛苦？我们一定要好好照顾大拇指，把它洗得干干净净的。

课件出示第五步：握住拇指，转圈，转圈。

学生学做。

课件出示第六步：指尖立起，揉揉，揉揉。

指甲也是细菌非常喜欢的藏身之处。

课件出示第七步：握住手腕，旋转，旋转。

洗手腕的时候要注意什么呢？请学生说注意的问题。

5. 做一做：我会洗手

请一位学生到前面现场洗手。

6. 卫生小贴士：

回想一下，除了饭前洗手外，那吃饭时和吃饭后，我们还要注意哪些卫生呢？

分组探究，引导学生讨论交流。

接着让学生分小组来回答问题，适当给予鼓励与表扬。

（课件出示"小贴士"：筷子不要直接放在桌面上，饭后漱口，吃完后用纸巾擦嘴……）

（二）活动二：使"礼仪之花"更美

1. 知礼：老师请小朋友们看一段视频。

（播放视频：央视公益广告《筷子篇》片段）

火眼金睛的你发现了什么？学生交流，老师板书：礼。

2. 了解"礼"的历史渊源

探究活动：我是礼仪小达人

分小组合作探究，讲述和吃饭相关的礼仪。

组内合作，完成一份简短的用餐礼仪介绍。

接着小组派代表上台讲述成果，由其他的小组成员分角色扮演，和讲解者互相配合，展示学生熟知的用餐礼仪。

活动完成后，教师小结，引出用餐礼仪的历史渊源。

（课件出示：原始社会、周朝、孔子、明清、现代就餐图片）在原始社会时期，人们已经懂得要把打来的第一块猎物送给父母品尝；到了周朝，对吃饭的讲究就更多了，比如小辈的人会先尝一下饭菜的温度，合适了再给父母吃；到了春秋时期，有位著名的大思想家——孔子，他说"食不言寝不语"，就是告诉我们吃饭的时候不能说话。到了清朝，为了让我们从小就知礼守礼，还出了一本书——《弟子规》，里面有一句话和我们刚才看的视频很相符，知道是哪句吗？

（课件出示：或饮食，或坐走，长者先，幼者后。）

3. 老师这里有一朵"礼仪花"，让我们齐努力，让它开得更鲜艳。

回想一下在家吃饭时，我们要注意哪些用餐礼仪？

抽学生交流，老师随机板贴：敬、静、帮、让、避看。

漂亮的礼仪花开了，这都是大家的功劳。

4. 想不想让礼仪花笑得更灿烂？那我们赶紧帮帮下面这两位小朋友吧，因为他俩正因为爸爸吃饭的不讲究而烦恼呢！

（课件播放：绘本故事《嘘——小点声儿》）

快说说你都发现了哪些不文明的行为吧？

学生交流自己观看中发现的问题：

吵、大声、起立、抢……

如果像视频中的爸爸那样吃饭时不讲文明，会发生些什么呢？引导学生想象，知道吃饭不文明而产生的后果，从对比中引导学生注意用餐文明。

5. 同学们，关于吃饭的礼仪，远不止这些，还有很多很多。课前老师准备了绘本《礼仪我知道》，里面就介绍了许多关于吃饭礼仪的知识，让我们一起来看看吧。

（三）活动三：感受亲情

（课件出示：回家过年图片）

1. 当早晨我们洗漱完坐在餐桌旁吃着家人做的可口的饭菜时，我们的心情是什么样的呢？

当晚上回家，一家人又坐在一起吃饭时，你幸福吗？你有没有感受到在这顿饭里，藏着一种很美好的东西？

学生：爱……

适当延伸，由用餐延伸到家庭团圆，引出学生对于家庭的爱，从而进一步巩固学习成果。

（课件出示："争做文明就餐小标兵"记录卡）

2. 筷子兄弟还要送给大家一份礼物："争做文明就餐小标兵"记录卡。课后请大家对照上面的提示和要求，看看自己有没有做到。如果做到了，就涂亮一颗小星星。两周后，请将卡片拿回来，比一比，看看谁能够成为"文明就餐小标兵"。

三、总结所学，升华主题

今天，我们学会了"七步洗手法"，也知道了每日的用餐中蕴含着很多文化和故事。一日三餐，我们也要认真对待、认真洗手、文明就餐，让我们的生活和热腾腾的饭菜一样，蒸蒸日上！

《威尼斯的小艇》教学案例

教学目标：

1. 认识本课生字，读准字音"哗"，会写"尼、斯"等12个字，会写"纵横、船艄"等11个词语。

2. 理解课文围绕小艇写了哪几个方面的内容，体会文中静态描写和动态描写的表达效果。

3. 培养学生探究性阅读的能力。

教学重点和难点：

1. 体会静态描写和动态描写的表达效果。

2. 培养学生探究性阅读的能力。

教学过程：

一、适趣导课，揭示课题

（一）同学们好！今天我们来共同学习第六单元的第一篇精读课文《威尼斯的小艇》。

（二）阅读本单元导语，了解本单元的2个学习重点。

上学期，我们在学习五年级上册第七单元中的《古诗词三首》《四季之美》《鸟的天堂》这组课文时，已经初步体会了文章中的静态描写和动态描写。同学们还有印象吗？

板书：静态描写　动态描写

（三）检查预习，了解威尼斯。

学生用自己的话介绍威尼斯这座城市。

共同观看介绍威尼斯的视频。

教师补充介绍。出示课件文字：

威尼斯的历史相传开始于公元453年，城市面积不到7.8平方公里，是意大利东北部著名的旅游与工业城市，其建筑、绘画、雕塑、歌剧等在世界上有着极其重要的地位和影响，每年约有300万游客来此旅游。

威尼斯由118个岛屿、177条水道、401座桥梁连成一体，享有"水上都市""百岛城"等美称。2019年位列全球城市500强榜单第57名。

（四）出示作者照片，美国著名作家马克·吐温也慕名前往，游览之后，他写下了《威尼斯的小艇》这篇佳作。齐读课题。

二、适宜任务，整体感知

（一）初读课文，检查生字词。

（二）课文围绕小艇写了哪几方面的内容？

结合回答板书：样子　技术　关系

三、适切方法，探究学习

（一）品读第2自然段，体会小艇特点和表达效果。

1. 默读第2自然段，思考：威尼斯小艇的样子有什么特点？为什么有这样的特点？画出描写小艇特点的词句。

2. 课件出示：

威尼斯的小艇有二三十英尺长，又窄又深，有点儿像独木舟。船头和船艄向上翘起，像挂在天边的新月；行动轻快灵活，仿佛田沟里的水蛇。

3. 交流：威尼斯小艇的样子有什么特点？请同学分别用一个字概括并写到黑板上。

板书：长　窄　深　翘。课件变红这几个字。

4. 课件出示小艇的图片，读到这里，你能提出什么问题吗？

引导学生思考：威尼斯人为什么这样设计小艇？培养学生探究性阅读的能力。

教师及时鼓励、表扬学生：读书、学习、生活中时时处处要敢于提出疑问，培养自己的批判性思维能力，多问几个"为什么"。

159

5. 联系课前了解到的威尼斯的城市实际情况，继续深入探究性阅读。

威尼斯的总面积是414.57平方公里，城市面积不到7.8平方公里，城市小，河道窄，不能碰撞古建筑，"翘"的造型可以使小艇减轻水的阻力，变得更加轻快灵活。

再回到刚才的第2自然段的文字篇，课件变红"轻快灵活"，学生在文中画出这个词。

6. 作者是用怎样的语言文字来描写威尼斯小艇这些特点的呢？指导学生有感情地朗读，体会表达效果。

出示第2自然段文字加小艇图片：

威尼斯的小艇有二三十英尺长，又窄又深，有点儿像独木舟。船头和船艄向上翘起，像挂在天边的新月；行动轻快灵活，仿佛田沟里的水蛇。

交流：作者这样描写有什么好处？（更加生动形象）

7. 齐读第2自然段。

（二）品读第3~4自然段，体会船夫技术的高超。

1. 出示第4自然段文字，从哪些地方可以看出船夫的驾驶技术特别好？

结合"操纵自如""挤""平稳穿过""急转弯"等动词，体会船夫驾驶技术的高超。

2. 作者为了充分描写出船夫技术的高超，用了哪些关联词？

结合回答，点击变红"不管……总能……总能……还能……"。

3. 指导朗读，读出对船夫的敬佩之情，体会作者用词的精妙及构段的形式。

4. 读了这一段，你还能提出什么问题吗？继续培养学生的探究性阅读能力。

为什么船夫的技术这么好？联系上文第1~2自然段再次体会"小艇成了主要的交通工具"这一中心句：水上城市，河道纵横交错，小艇是主要的交通工具，船夫们天天驾驶小艇来回穿梭，熟能生巧。小艇的样子也有利于行动起来轻快灵活。

5. 及时鼓励和表扬能提出问题的学生，培养学生联系上下文阅读的习惯和能力。

（三）品读第5~6自然段，感受小艇与人们生活关系的密切，体会动静描写的表达效果。

1. 默读第 5~6 自然段，思考：从哪里看出来小艇是威尼斯主要的交通工具，和人们的生活关系密不可分？

2. 结合预习单，同桌交流：课文写了哪些人坐小艇去干什么？想象还有哪些人坐小艇干什么。课件出示相关表格。

3. 出示第 6 自然段文字：这段文字中，哪些是静态描写，用横线画出来。哪些是动态描写，用波浪线画出来。

这样的描写有什么好处？动静结合可以更好地再次说明"小艇是主要的交通工具"这一全文的中心句，人动则艇动，人静则艇静，人们的生活离不开小艇。

4. 合作朗读第 6 自然段。齐读动态描写，请一名学生朗读后面的静态描写。

（四）回顾全文，进一步体会静态和动态描写的表达效果。

1. 默读全文，用横线画出静态描写，用波浪线画出动态描写，体会这样描写的好处。

2. 前后四人小组合作交流。

四、适当拓展，迁移运用

阅读课后链接，继续体会动态描写、静态描写的表达效果。

布置作业，写法迁移运用。选择你熟悉的一个地方，运用动态描写和静态描写的表达方法写一个片段，下节课进行交流。

《杨氏之子》教学案例

教学目标：

1. 理解"梁、惠、诣、禽"等字，会写"梁、诣、禽"三字。
2. 读准停顿，正确、流利地朗读和背诵全文。
3. 遵循汉字的表意规律，深入理解"甚""君"等字词在文中的重要作用，体会杨氏之子多方面的聪慧表现。
4. 品味语言的风趣幽默。

教学重点和难点：

体会人物形象，品味语言的风趣幽默。

教学过程：

一、适趣导课，揭示课题

（一）在四年级上册，我们学习了选自《世说新语》的一则故事——《王戎不取道旁李》。课后老师推荐大家阅读《世说新语》，说说哪些聪慧的小孩给你留下了深刻的印象？（学生交流）

（二）这节课就让我们再次走进《世说新语》，走近杨氏之子，看看在他身上又发生了怎样的故事。（板书课题、齐读课题）

二、初读交流，整体感知

（一）解题

"杨氏之子"是指"一户姓杨的人家的儿子。"这里的"之"是"的"的意思。如果换成"姓李的人家的女儿"用文言文怎么说？

（指着不同学生）如此说来，你是——

我们现在有这种用法，如有一支舞蹈——雀之舞，有一首歌——冬之梦，有一支球队——梦之队，有一所美丽的小学——济宁之东门小学。

（二）自由朗读课文，标出难读的字音和句子

1. 交流难读的字音和句子。

（1）"为设果，果有杨梅"中"为"的读音。

利用补充法，根据意思确定读音。为设果，果有杨梅。

"为"是多音字。要确定它的读音，得先明白它的意思。

迁移运用，把原文"为设果，果有杨梅"改为"为设果，果为杨梅"，确定改后两个"为"的读音。

（2）孔指以示儿曰："此是君家果。"儿应声答曰："未闻孔雀是夫子家禽。""家禽"为"家之禽"，中间省略"之"，读时要读出停顿。

2. 再次朗读，把课文读正确，读流利，读出节奏。

（1）学生尝试读。

（2）教师范读。

（3）学生练读，同桌对读。

（4）全班展示读。

3. 说说课文讲的是哪两个人之间的故事，大致讲了一件什么事。要想更深入地了解这个孩子，让我们再次走进课文，走近杨氏之子。

三、探究交流，适当评价

（一）理解文意，感受聪慧

1. 自主学习

自由读课文，借助注释理解文章大意，同桌交流，标画出不理解的句子。（学生边读书，边思考，边批注）

2. 交流文意，指导朗读

交流读懂的句子，教师相机指导朗读。（重点指导以下句子）

（1）梁国杨氏子九岁，甚聪慧。

指导书写"梁"，提醒学生与"粱"的区别。梁，是会意兼形声字。左上"氵"与下部"木"表示在水上造木桥，本义是桥梁；粱，下部"米"是意符，表示食物、农作物，如"高粱"。

指导朗读，突出"甚"字。

（"甚"是解读本文的关键词之一，却常被忽略。指导朗读，让学生有意识地突出"甚"字，为下文体会聪慧做好铺垫）

（2）孔指以示儿曰："此是君家果。"

聚焦"君"字。

古诗名句中的"君"。

劝君更尽一杯酒，西出阳关无故人。（《送元二使安西》）

正是江南好风景，落花时节又逢君。（《江南逢李龟年》）

莫愁前路无知己，天下谁人不识君。（《别董大》）

在古代汉语里，"君"是敬称，表达对他人的尊敬。

"君"从尹从口。尹，甲骨文写作"🖐"，是右手执笔（一竖）批文之形，表示官员。比如，古代的县官叫县尹，知府叫府尹。"尹"下加"口"为"君"，表示手批文又口发令的人，就是权力最大的君主、国君。引申为对人的敬称。

现在，你认为这里的"君"应该翻译成什么？（应为"您"甚至"先生"）

孔君平是个大人物，却尊称九岁小儿为"君"，说明了什么？注意：这是孔君平在玩笑中不自觉地称杨氏之子"君"，流露出对杨氏之子由衷的尊重，这也是他要跟杨氏之子聊天的原因。

（3）儿应声答曰："未闻孔雀是夫子家禽。"

理解"应声"。

应声，随着声音，形容快速。"应"读第四声。

"应声答曰"是怎样的回答？（师生合作，读体会）

读好停顿。

理解了字词义才能读通句子，现在我们读杨氏之子的话：

未闻/孔雀/是夫子家/禽。

3. 配乐朗读

4. 尝试背诵

（二）聚焦语言，品味聪慧

本篇文言文能够流传至今，不仅因为杨氏之子是有故事的人，而且是一

个有特点的人，告诉老师杨氏之子有什么特点？（甚聪慧）

1. 再读课文，从哪里可以看出杨氏之子的机智呢？

出示文章中的一组对话。（孔指以示儿曰："此是君家果。"儿应声答曰："未闻孔雀是夫子家禽。"）

他俩的对谈妙趣横生，说说妙在哪里。

抓住"应声"一词，体会反应之快，真可谓"秒之答"。

（孔君平看见杨梅想到杨氏之子的姓氏，便故意打趣杨氏之子，说杨梅是杨家的水果，可谓灵机一动，信手拈来。面对孔君平的逗趣，杨氏之子反应非常灵敏，立刻反驳孔君平，让孔君平无言以对。）

2. 对比读读下面这两句话，你读出了什么？

未闻孔雀是夫子家禽。孔雀是夫子家禽。

从"未闻"二字我们读出杨氏之子知书达礼，他不仅马上对答孔君平，还对答得非常委婉、巧妙，充分尊重长辈。"夫子"是古时对男子的敬称，也说明杨氏之子很有礼貌。应答得体，有礼有节。

3. 指导朗读。结合对句子的理解和以前教给大家的例如"人物后面停一停"等方法，注意节奏与停顿，揣摩人物对话的语气语调，读好两人的对谈，读出小古文的味道。（板书：委婉之答）

小结：课文通过"拜访—招待—玩笑—妙对"四个简单情节，组成一个风趣幽默的小故事，读来兴味盎然。

4. 学生表演。

小结：杨氏之子"甚"聪慧主要表现在哪几点？以"杨梅"对"孔雀"，心思敏捷；以"夫子"对"君"，巧妙得体；其反应迅速又以礼待人，委婉应答，机智幽默。杨氏之子一时表现出诸多的"聪慧"，的确是"甚聪慧"。（读时强调"甚"）

四、巩固梳理，迁移应用

（一）通过学习，杨氏之子聪慧、知书达礼的形象给我们留下了深刻的印象。其实，孔君平也是一位谦谦君子，你读出来了吗？

"此是君家果。"这句话中的"君"字，表现出孔君平的彬彬有礼，他对小孩子说话都使用了敬语，因为"君"在古代是对人的尊称。

"孔君平诣其父"，一个"诣"字也能看出孔君平的谦恭有礼。"诣"在

165

古代特指到尊长那里去，孔君平主动拜访杨氏之子的父亲，说明他是个很懂礼貌的人。

（二）子曰："不学礼，无以立。"做人一定要有礼貌。因为杨氏之子和孔君平的知礼，因为杨氏之子的机智，这个故事才被刘义庆收录进《世说新语》中，流传千古。课后大家再去读读这本书，结识更多这样优秀的人物。

五、归纳总结，适度拓展

课件同时出示《王戎不取道旁李》和《杨氏之子》，让学生发现两篇文章同样是写聪明的小孩的，有哪些不同呢？（故事选取的角度不同）

小结：《王戎不取道旁李》通过王戎的行动，《杨氏之子》通过杨氏之子的语言，撷取两个不同的角度，表达了两个孩子的不同特点。课后再去读读这本书，你会发现这本书比原来更有趣。

《平行四边形的认识》教学案例

教学目标：

1. 在联系生活实际和自主探索的活动中认识平行四边形，发现并掌握平行四边形的基本特征。

2. 学生在观察、操作、合作交流中理解平行四边形底和高相对应，且有无数条高，进一步培养学生的极限思想，发展空间观念。

3. 在自主探究的过程中，激发学生的学习兴趣，培养积极探索的精神，感受数学的价值。

教学重点和难点：

1. 经历知识的形成过程，掌握平行四边形的特征。

2. 理解平行四边形的底和高相对应，且有无数条高。

教学过程：

一、适趣情境，导入新知

（一）创设情境，概念外化

老师：同学们，图形在生活中随处可见，让我们走进生活去寻觅它的踪影。如果看到你认识的图形，请大声说出它的名字，好吗？

学生活动。

（课件出示：生活中长方形、正方形、平行四边形的物体）

老师：把这些图形画下来，就是我们熟悉的平面图形。

（二）聚焦问题，比较前概念

老师：过去的学习中，我们探究了长方形和正方形的特征，我们是怎样探究的？（学生口答）我们运用折一折、比一比、量一量的方法，发现长方形边和角的特点。今天我们也借助这种方法继续对平行四边形展开研究（揭示课题：平行四边形的认识）。

二、适宜任务，研学新知

（一）认识平行四边形的特征

1. 迁移方法，引发思考：

请同桌两人拿出探究单，合作研究比比看谁的发现多！

2. 动手操作，探究特征：

（1）出示学习要求。

（2）同桌合作，探索发现。

3. 汇报交流，总结特征，建构平行四边形的意义：

老师：你们是怎么研究、验证的？

（1）探索平行四边形对边相等、对角相等的特征。

学生汇报

老师小结：多棒呀！用测量的方法发现了平行四边形对边相等，对角也相等。

（2）探索互相平行。

方法一：延长对边。

学生：我们验证的是×号图形，我是用延长线的方法，把上下两条对边延长，发现它们不相交，因此就知道平行四边形的每组对边互相平行。

方法二：画垂线。

学生：用画垂线的方法，先在上下这两条对边间画2条垂直线段，量出垂直线段长度相等……所以两组对边是互相平行且相等的。

老师：老师很好奇，你们是怎么想到要验证对边互相平行的？

老师：关注到名称中的"平行"二字，就有了猜想再进行操作验证，从而得出结论。平行四边形的定义也正是由此而来。像这样两组对边分别平行的四边形，就叫作平行四边形。

老师：谁来说说什么叫作平行四边形？

（3）教师小结：同学们真棒，通过直尺量，我们发现了平行四边形的对边相等，量角器测量发现对角相等，又借助延长线和画垂线的方法发现了对边互相平行。现在谁来完整地说一下我们的发现？

4. 想象形状，发展学生的空间观念。

老师：看！这个平行四边形，如果去掉一条边，你还能想象出它原来的样子吗？（学生说理由）

去掉两条边呢？三条呢？

课件出示：演示过程。

老师：看来至少要保留 2 条邻边才能想象出这个平行四边形原来的样子。

5. 小组合作，自主探究，小棒拼摆平行四边形。

（二）认识"高"和"底"

1. 出示高的定义

老师：我们来看这两组同学的作品。同样是平行四边形，感觉又有什么不同？

老师：对，它们的高矮不同。你说的高矮是什么意思？（引导：上下两组对边的垂线的距离不同）

教师边播放课件边解释高的定义。

2. 学生尝试画高。

老师：你能画出平行四边形的高吗？请同学们快速拿出题卡。

学生独立完成。

汇报交流画高方法。

3. 老师：请看，我还发现有同学把平行四边形的高画到了这个位置，还有的画到了这个位置。

我可不可以把平行四边形的高画到这儿？画到这儿呢？……

一条底上可以画多少条高？

平行四边形同一个底上的这些高是什么关系？

4. 老师小结：两条平行线之间的距离都相等，所以同一底上的高长度相等。

展示学生作品：看这位同学这样做的高，对吗？

老师：对呀，只要是从平行四边形一边上引的垂线段都是平行四边形的高。但一定要注意这条高要和它的已知底相对应。

老师：平行四边形上下两组对边可以做出无数条高，左右两组对边呢？

（三）重组建构，认识平行四边形的特性

老师：让我们再看看同学们的作品。像这样的平行四边形我们能摆多少种？（学生：无数种）

（学生操作发现平行四边形容易变形的特性）

老师：所以我们说平行四边形容易变形。

观看微课：生活中的平行四边形。

问：谁来说说你在哪里还见到过这样的例子？

老师小结：正是这种易变形性，极大地方便了我们的生活。

老师发现大家已经对平行四边形有了深刻的认识。下面老师考考你们，敢不敢接受？

三、适度拓展，深入提升

通过对比，深化对长方形、正方形、平行四边形特征的认识，重构概念网络。

课件出示：猜一猜，这是一个四边形，其他部分被挡住了，请你猜一猜是什么图形？

课件随学生汇报在图形下面逐个呈现：长方形、正方形、平行四边形。

（课件出示：图形动态变化成——梯形）

知识延伸：这将是我们下节课学的知识。

四、适当评价，归纳总结

（一）学生自我评价本节课学习情况。

（二）小组间互评。

（三）教师评价。

老师：同学们真了不起，通过认真的观察、合理的猜测、严谨的思考从而有了正确的发现。希望同学们带着勇于探索的精神，运用我们今天的探究方法继续去探索梯形的奥秘，相信大家又会有不同的收获。

《小数的初步认识》教学案例

教学目标：

1. 结合具体情境初步体会小数的含义，认识小数，会正确地认、读、写小数。知道小数各部分的名称。

2. 通过观察思考、比较分析、综合概括、经历小数含义的探索过程，培养学生的主动探索意识和合作交流能力，逐渐建立数学模型。

3. 通过了解小数的产生和发展，提高学生学习数学的兴趣，感受小数在生活中的价值，培养学生严谨的思维。

教学重点和难点：

理解小数的意义。

教学过程：

一、适趣情境，导入新知

（一）创设情境，概念外化

老师：孩子们，你们抢过微信红包吗？小猪佩奇家也在抢红包，咱们一起去看看。依次出现：0.97元、1.72元、26.16元、32.83元、0.1元。

（二）聚焦问题，比较前概念

老师：大家看，红包上的这些数，和咱们以前学过的数，最大的区别是什么？

老师：像这样的数叫作小数。

揭示课题。（板书课题：小数的初步认识）

二、适宜任务，研学新知

（一）读、写小数

1. 读

老师介绍小数各部分名称。

老师：那这些小数你会读吗？

学生逐一试读。

老师小结：孩子们，在读小数的时候，小数点左边的数就按照我们整数的读法去读，右边要一个数字一个数字地读，就像咱们平常读电话号码一样。

2. 写

出示：二点二六、五点零三、零点一，你能根据读法写出它们吗？

（学生独立试写）

老师：你是怎么写的？同意吗？

总结：没错，在写小数时就是先写小数的整数部分2，再写小数点，最后写小数部分的2、6。注意整数部分的写法跟整数写法相同，小数部分是几就写几。（边讲边板书）

（二）整体思维，意义建构

1. 以元为单位的一位小数

老师：（课件出示：0.1元）那0.1元具体是多少钱呢？（1角）

老师：是的，0.1元就是1角，咱们班同学的生活经验挺丰富的。这0.1元就等于1角。（板书：1角＝0.1元）

老师：看，这是？（1元）

出示：1元硬币、纸币。

老师：1角和1元之间有怎样的关系？（10角等于1元）

让我们借助活动探究一下。

活动要求：先画一个图形表示1元，再表示出你对0.1元的理解。

学生自主探究，教师巡视指导。

都完成了？老师邀请一个同学把他的想法给大家交流一下，这是谁的作品？请上来。

汇报展示。

老师小结：只要把代表1元的长方形平均分成10份，其中的每一份就是0.1元。同学们，你们看，平均分成10份当中的1份，你还能想到哪个数呢？（十分之一）

追问：是谁的十分之一？（1元的十分之一）1元的十分之一就是十分之一元。（板书：0.1元）也就是1角＝十分之一元＝0.1元。（边说边板书）

老师：谁能完整说一遍0.1元表示什么意思？

同学们，要是3份呢？你来说？（3角，0.3元，十分之三元）3角也就是0.3元，那3角等于十分之三元，你能说说你是怎么想的吗？那要是5份呢？8份？一起说！

（板书：3角＝十分之三元＝0.3元

5角＝十分之五元＝0.5元

8角＝十分之八元＝0.8元）

2. 借助米尺感悟一位小数的意义

这个长方形用来表示1米，可以吗？1分米用米做单位又该怎么表示呢？为什么？

小组活动：议一议小数0.1米表示的含义。

学生同桌讨论，汇报交流。

老师：十分之一米也就是0.1米。那要是6分米，等于？还等于？

（板书：6分米＝十分之六米＝0.6米）

老师小结：回过头来我们仔细看一下，当这个长方形代表1元的时候，涂色的部分就表示？（0.3元，十分之三元）

代表1米的时候，那涂色的部分表示？（0.3米，十分之三米）

代表1吨呢？涂色的部分应该怎么表示？（0.3吨）

代表1时呢？（0.3）也是？（十分之三）

如果这个长方形代表的就是1，这个时候涂色的部分应该用什么来表示？用小数表示是0.3，那分数呢？（十分之三）

像这样小数部分有一个数字的小数叫作一位小数。一位小数和什么样的分数有关？

（三）初步感悟两位小数的意义

老师：既然我们知道了几分米的表示方法，那几厘米又可以表示为多少米呢？

小组活动：借助直尺想一想、画一画，探究1厘米、3厘米、55厘米等等表示为多少米。

汇报交流：

老师：谁来说一说0.01米的意义？我们一起说一遍。

照这样想，那0.03米表示什么意思？

老师：看现在是多少厘米？（55厘米），思考一下它该怎么表示？（选一生回答）0.55米表示什么意思？

小结：仔细观察这三个等式，你发现了什么规律？

老师：几厘米写成用米做单位的分数就是一百分之几米，写成小数就是零点几几米。学到这里你们发现两位小数与什么样的分数有关系？

学生：百分之几的分数有关。

（四）借助小数的产生，培养学生核心素养

老师：同学们知道吗？小数可是我国人民最早提出并使用的。同学们，古代人民发现在实际测量或计算时往往不能正好得到整数的结果，小数便应运而生了。我们一起来看。（播放视频）是不是进一步认识了小数？

大家都是生活中的有心人。让我们走进大国重器中的小数。

三、适度拓展，深入提升

（一）大国重器中的小数

出示信息：

学生口答，读信息中的小数。

老师：这些精确的小数体现了大国工匠们精益求精的精神，我们的学习也要如此，一丝不苟。看来分数和小数有着密切的关系。

（二）在数轴中找小数，重构概念网络

老师：你能在数轴中找到1.2米吗？

（课件出示：动态变化成数轴）

老师：仔细看，往这儿走，还能找到哪些小数？（向右看）

数越来越大了！

0.01这个很小的数，你能想办法找到吗？

还能再继续找下去吗？

老师：真好，正是有了小数我们才可以精细地表达这个世界。

四、适当评价，归纳总结

老师：通过这节课的学习，你有哪些收获？生活中你在哪里还见到过小数？

大家都是生活中的有心人。老师希望大家能运用今天的知识解决生活中的问题，成为生活中的小能手。

《Everyone was happy that day》教学案例

Ⅰ. Teaching aims：

ⅰ. To use the words and drills to talk about Lantern Festival activities.

ⅱ. To train their cooperate ability with each other.

ⅲ. To show their opinion about the festival activities.

ⅳ. To understand the different cultures between China and western. To love Chinese culture and to be a disseminator of Chinese culture.

Ⅱ. Main points and difficult points：

ⅰ. To understand, say and recognize the drills.

ⅱ. To talk about the Lantern Festival activities in the past tense.

ⅲ. Retell the story by mind-map.

Ⅲ. Teaching procedure：

Step 1. Warm-up

1. Greetings.

2. Show the words and the pictures about the winter holidays.

Then make a free talk with the students.

A：What did Peter do in the holidays?

B：He ...

【设计意图】在热身环节，采取互致问候和借助单词卡进行师生问答的方式，创设英语学习的氛围和情境。结合假期活动，引导学生通过小组合作的形式，积极参与英语学习中。

Step 2. Presentation

1. Show the pictures about the beautiful lanterns. Look at this beautiful butterfly lantern and the cute ox lantern.

Then learn the word: lantern.

Ask: When do we make lanterns? Answer: Lantern Festival.

Learn: It was the Lantern Festival.

2. Watch the video then judge and revise.

They visited Jenny's grandparents.

They had yuanxiao for breakfast.

They went to watch a film.

They watched the beautiful lanterns.

【设计意图】利用学生生活中的灯笼，引入新词进行学习，同时适时引入课文的学习。通过看视频片段，引导学生记忆再现。

3. Read P1 and fill in the blanks.

It was_____.

Li Ming_____with Jenny and Danny. They_____

_____for breakfast. It was_____.

4. Let's talk.

Show 3 pictures of festivals (Christmas, the Spring Festival and the Lantern Festival) to talk about different customs.

A: It was ...

B: Yes. We had ... for dinner. It was very nice.

【设计意图】通过设置三个中外节日的对比（圣诞节、春节、元宵节），让学生在真实语境中了解和对比中西方饮食文化上的不同，拓展文化视野，加深对中国传统节日的了解。

5. Ask: Do you like to watch a parade? (Yes/No)

Learn: parade.

6. Read P2 and choose.

Then enjoy a video about the yangge dance.

追寻教育的美好

Ask：Do you like it? (Yes/ No) Why?

7. Think and talk.

Do you like the yangge dance?

(Some of them may say "yes", some of them may say "no".)

Do you want to learn yangge dance?

Why? (The answers might be：It's funny. /It's interesting. / It's a little difficult. / I don't like it. / It's for women, not for men.)

Do you agree with Jenny to learn Yangge? (Most of them agree with Jenny. She likes Chinese traditional culture.)

【设计意图】通过欣赏一段秧歌表演，引导学生深入思考并回答：你喜欢秧歌吗？你想学跳秧歌吗？你赞同Jenny学习秧歌吗？培养学生的综合语用能力和国际视角与传统文化认同感。

8. Read P3 and answer. T：What did Danny do in the parade?

Question1：When did they watch the lanterns?

Answer：In the evening.

Question2：What did Danny do in the evening?

Answer：Danny guessed a riddle and got a prize.

Then learn：prize

9. Play a game：Let's guess riddles.

1) It? is? like? a? ball. It? is? small,? round? and? soft. It has white skin. And it's? sweet.

2) You have it. You read it. There are some words and pictures on it. What is it?

【设计意图】在活动8~9中，通过阅读和游戏，利用问题导入，引导学生通过小组合作等形式学习新知。

Step 3. Practice

1. Listen to the tape and repeat. Learn to imitate.

2. Read by themselves. Find the difficulties and try to solve them.

3. Practise the story with mind-map in pairs.

4. Ask someone to come to the front and retell it out.

【设计意图】通过听录音、读对话、在老师的引导下进行对话、复述等形式，对所学功能句进行操练。在这个过程中，既要面向全体，又要尊重个体差异，让全体学生都学有所得。

Step 4. Production

1. Try to find all the "past tense of verb" in the essay.

Then check the answer.

2. Brainstorming：Show some verb words and their past tense, let the students find the rules. Let them learn the way to make more phrases by using verbs, so they can talk about their real life. It's a process of divergent thinking.

【设计意图】通过头脑风暴锻炼学生的发散性思维，达成创造的目的。在完成阅读任务后，通过教师的引导，学会简单的组词方法，使学生明白，一个动词可以创造出许多个词组。

3. Group work.

Let's talk in groups of four.

A：What did you do in the winter holidays?

B：I …

C：I …

D：I …

Teacher's appraisals：It was funny. / It was interesting/ I was excited. / I like it …)

Have a show.

【设计意图】小组合作提升学生的设计能力，这是达成"创造"的第二步。在众多的信息中选择最想表达的寒假活动与心情，并安排好组员顺序。

Step 5. Homework

1. Listen to the tape and retell the story.

2. Find more interesting parade videos on internet. (Enjoy a video about Pikachu parade.)

Blackboard design：

Li Ming visited … with

Jenny learned …

Danny acted like ... guessed ...

They had yuanxiao ...

watched a parade

watched ... lanterns

《草原放牧》教学案例

教学目标：

1. 认识民族弹拨乐器琵琶，了解琵琶的基本演奏技法，学习简单的蒙古族舞蹈动作，培养学生自主学习积极探究的能力。

2. 从琵琶的演奏技法入手，深度挖掘蒙古族音乐风格特点。通过聆听、体验、感受和表现多种形式，激发学生学习民族音乐的兴趣，热爱民族音乐，厚植学生的文化自信。

3. 培养学生聆听音乐的习惯和主动参与音乐活动的能力。提高学生的音乐表现力，进而提升学生的音乐核心素养。

教学重点和难点：

1. 深度挖掘节奏在音乐情绪塑造中的意义。聆听《草原放牧》主题旋律，感受音乐要素的艺术魅力，并能用语言、动作等表现出来。

2. 通过琵琶指法学习、旋律模唱、律动表现等形式体验感受乐曲，引导学生积极参与音乐实践活动，分享学习成果。

教学过程：

一、激趣导入，认识琵琶

（一）导入语

同学们，今天老师给大家带来了一件乐器——琵琶。琵琶是民族弹拨乐器的一种，号称"弹拨乐器之王"。

（二）观察琵琶的外形

老师：琵琶外形是半梨形状，像个小水滴。四根琴弦，对应的四个琴轴用来调节音高。指甲，使声音更加响亮。

（三）学习琵琶的演奏姿势

老师：老师独奏一曲，送给大家。（教师示范演奏引子部分）

老师也为同学们准备了一个琵琶，请你轻轻地拿起它。左手抱琴颈处，右手放面板处。（学生模仿老师演奏的姿势）

（四）聆听琵琶的音色

老师：你记住它的音色了吗？咱们玩一个听辨游戏，当你听到是琵琶在演奏时，请举起你手中的小琵琶来示意，比比看谁的耳朵最灵！（学生听辨思考）

总结：同学们的回答非常准确，大家都有一对灵敏的耳朵。

二、新授课程，欣赏第一乐章《草原放牧》

（一）欣赏第一乐段

导入语：让我们一起认识琵琶，走进琵琶协奏曲《草原小姐妹》。（出示课题）

1. 了解音乐故事背景

老师讲解：《草原小姐妹》创作于1973年，是根据一个真实的故事改编的。讲述了在辽阔的蒙古大草原上，可爱的蒙古族小姑娘玉荣和龙梅为了保护集体公社的羊群，不怕困难与暴风雪搏斗的故事。这部作品由五个乐章组成，这节课，我们主要来欣赏第一乐章《草原放牧》。

2. 感受音乐情绪

导入语：我们先来聆听第一主题，这段音乐情绪是怎样的？它把我们带到了哪里？或者你仿佛看到了什么？（师生共赏，回答问题）

3. 节奏律动，蒙古族舞蹈动作练习

同学们，请起立！让我们随着欢快的音乐一起走进大草原。

4. 学唱主题曲《草原赞歌》

导入语：听，远处传来阵阵歌声……

（1）初听整体感知。

（2）师生听赏歌曲。

（3）学唱纠错过程。

老师：这是来自草原小姐妹的歌声，今天我们就来学唱《草原赞歌》，请你跟着音乐轻轻地模唱。

声音情绪处理：演唱时咬字吐字清晰，舌尖像在跳舞一样，轻巧有弹性。公社就像我们的社区。小姐妹的心情是开心的、幸福的，还充满了骄傲和自豪。所以让我们用骄傲自豪的声音来演唱，以情带声，热情饱满地来演唱。

老师总结：听了同学们的演唱，老师也深深地爱上了这片大草原。

5. 视唱乐谱

同学们请看（出示课件），这段旋律中哪几个音多次出现？

（学生思考讨论）

讲解民族五声调式。

6. 学习琵琶技法——弹与挑

导入语：弹和挑是琵琶演奏的技法之一，琵就是弹，琶就是挑，这也是琵琶名字的由来。

（1）出示弹挑图谱。

（2）讲解弹挑技法：食指弹弦，叫作弹；拇指挑弦，叫作挑。

（3）师生练习，指谱训练。

老师总结：你们的演奏太棒了，让我们感受到了欢快活泼、热闹欢腾的大草原。

（二）欣赏第二乐段

导入语：小姐妹玩累了，让我们稍做休息。请你来听，这段音乐的情绪是怎样的？又呈现了怎样的大草原呢？

1. 师生共赏音乐

老师：它的情绪怎样？速度怎样？（小组讨论）

老师总结：缓慢的速度带给我们安静的大草原，舒缓的节奏呈现给我们一个平静祥和的大草原。

2. 轮指技法学习

导入语：看，这个像车轮一样的，叫作轮指，也是琵琶的演奏技法之一。刚才这段旋律就运用了轮指来表现。

（1）出示轮指记谱符号。

（2）老师讲解指法：从食指到大拇指依次从琴弦上过一遍。

（3）师生练习随视频轮奏练习。

老师总结：同学们的演奏让我感受到了宁静祥和的大草原。

（三）音乐知识总结（小组合作探究）

导入语：同学们，音乐的演奏除了琵琶还有其他乐器吗？

1. 讲解协奏曲

老师：这种以琵琶为主奏，协同其他乐队共同演奏的形式，叫作琵琶协奏曲。

2. 知识点总结（小组讨论）

老师：同学们，我们来回顾一下，琵琶协奏曲《草原放牧》共有几个主题？这两个主题在速度、节奏、情绪、指法上有什么特点？

	速度	节奏	情绪	琵琶技法	蒙古族音乐
第一乐段	快	工整紧凑	欢快活泼	弹挑	短调风格
第二乐段	慢	自由舒展	优美抒情	轮指	长调风格

第一主题速度快，节奏工整紧凑，情绪欢快活泼，指法主要运用弹与挑；第二主题速度慢，节奏自由舒展，情绪优美抒情，指法运用轮指。这就对应了蒙古族短调和长调的音乐风格特点。琵琶协奏曲《草原放牧》是蒙古族音乐风格与琵琶演奏技法的完美结合，具有里程碑意义，也是民族音乐发展史的重大突破。

（四）完整欣赏音乐第一乐章

导入语：今天的收获真大呀！让我们再次完整欣赏琵琶协奏曲《草原放牧》第一乐章。（师生共赏）

三、拓展延伸，试听第二乐章《与暴风雪搏斗》

导入语：同学们，草原上不仅有风和日丽，还有什么样的天气呢？

（一）教师独奏第二乐章《与暴风雪搏斗》。

（二）老师总结：音乐里还有电闪雷鸣、暴风骤雨，充满了紧张和恐惧。同学们的感受力真强。刚才老师演奏的就是第二乐章《与暴风雪搏斗》。琵琶的音乐表现力特别丰富。期待你更深层的探索和发现，我们下节课继续欣赏第二乐章。

四、总结升华

同学们，只有民族的才是世界的！我们的民族音乐、民族乐器丰富多元、博大精深。让我们热爱它，努力传承它，让我们的民族音乐之花越开越艳。

《跨越式跳高》教学案例

一、理论依据

本课以"健康第一"为指导思想，以促进学生身心发展及兴趣爱好为出发点，运用自主、合作、探究等学习方式，培养学生的创新意识与实践能力，充分体现学生的主体地位，让学生在自主、互动、尝试和体验的过程中获得参与体育活动的乐趣，从而在体育学习中增进学生之间的交流，共同感受体育运动所带来的快乐，为学生能很好地完成教学目标打下良好的基础。

二、教材分析

跨越式跳高是小学阶段田径教材的重点学习内容之一。本节课的学习是在以往（水平二）单元学习了解掌握一定跳高技术、基本知识以及各种跳跃练习内容的基础上，使学生明确动作技术的基本要求，按助跑、起跳、过杆和落地四部分动作结构进行学习。在学习过程中，按照（水平三）单元教学目标的定位，使学生基本掌握跨越式跳高的基本动作方法，为以后学习俯卧式跳高和背越式跳高奠定基础。学习跨越式跳高不但能增强腿部力量，提高弹跳力，发展灵敏性和协调性，还能培养学生勇敢、坚定、果断和自信的意志品质，是一种很好的体育锻炼项目。

三、学情分析

小学五年级学生，身体骨骼、肌肉、韧带、关节处在快速增长时期，这阶段的学生思维敏捷，模仿能力强，体能恢复快，加之争强好胜，好奇心强，求知欲望高，具有初生牛犊不怕虎的性格，正是开展体育锻炼的黄金阶段。

但由于个体差异大，有些同学身体素质、运动能力相对偏弱些，自我抑制能力差，练习时间无法长时间集中，所以在开展教学活动中既要鼓励素质好的学生大胆创新学习，又要考虑对弱势群体的帮助，引导他们掌握技术的同时又树立自信心，克服心理障碍，力争让每个学生都得到充分的锻炼和发展。

四、教学方法

根据学生的认知水平和实际能力，本课主要采取直观示范教学，调动课堂气氛；设置疑问，激发参与；由简到难，循序渐进的方法，通过辅助练习、合作练习、选择练习和自主练习等多种方法，使师生之间互相帮助，互相学习，互相指导评价，互相勉励提高。让学生去发现，去分析，去论证，共同完成学习目标。

五、教学目标

（一）认知目标：90%以上的学生能够明确跨越式跳高的练习要求，了解跨越式跳高的动作方法。

（二）技能目标：80%以上的学生能够达成跨越式跳高单元第一课时目标，基本掌握动作的衔接过程。

（三）情感目标：通过小组合作学习，激励学生乐于在同伴面前展示自己的动作，并能对同伴的表现给予鼓励，培养学生的团队意识和勇于战胜困难的精神。

六、教学重点和难点

教学重点：两腿依次跨越式过杆的动作方法。
教学难点：助跑与起跳动作协调连贯。

七、教学过程

课堂常规—热身操—辅助练习—学习跨越式跳高—体能练习—放松小结。(详见表格教案)

场地器材设计：跳高架 4 副，橡皮筋若干，体操垫 5 块，音响 1 台。

课的练习密度预计：60%~65%。

《跨越式跳高》教案（水平三）

教材内容	一、新授：跨越式跳高 二、体能练习		第 1 次课

教 学 目 标

一、认知目标：90%以上的学生能够明确跨越式跳高的练习要求，了解跨越式跳高的动作方法。

二、技能目标：80%以上的学生能够达成跨越式跳高单元第一课时目标，基本掌握动作的衔接过程。

三、情感目标：通过小组合作学习，激励学生乐于在同伴面前展示自己的动作，并能对同伴的表现给予鼓励，培养学生的团队意识和勇于战胜困难的精神。

课的顺序	次数时间	教学内容	学生学习活动方式	教师的指导	练习队形	思想渗透
一	3′	1. 体育委员整队，报告人数。 2. 师生问好，教师宣布学习任务和要求。	认真听老师宣布学习任务和要求。	宣布本节课的学习内容，提出学习的要求。		激发学生的学习兴趣，树立自尊、自信的品质。
二	7′ 4×8拍	1. 慢跑（绕体操垫进行） 2. 热身操	1. 体现自我，表现自我。 2. 在老师的引导下，进行各项活动练习。	1. 教师提出练习要求。 2. 师生同做练习。		激发学生的学习兴趣，发展学生个性。
三	8′	诱导练习： 1. 单脚起跳 2. 外摆里合 3. 四人一组利用外摆里合助跑三步两腿依次过绳的练习。	1. 尝试两腿依次过绳的练习。 2. 四人一组，利用外摆里合助跑三步两腿依次过绳的练习。	1. 教师引导讲解练习的方法要求。 2. 引导四人合作尝试探究练习。 3. 巡视指导学生的练习。		通过合作探究学习，使学生进一步学习并掌握动作要领，培养学生独立判断的能力。

追寻教育的美好

续表

教材内容	一、新授：跨越式跳高 二、体能练习					第 1 次课
课的顺序	次数时间	教学内容	学生学习活动方式	教师的指导	练习队形	思想渗透
四	12′	学习：跨越式跳高动作图示： 动作重点：两腿依次过杆的跨越动作。 动作难点：助跑与起跳的动作协调连贯。	1. 积极大胆，尝试体验发现。 2. 主动参与，创造性地进行跨越式跳高练习。 3. 练习中遵守练习规则。	1. 教师讲解练习方法要求。 2. 摆动腿触铃铛。 3. 踏跳踢铃铛。 4. 跨跳躲铃铛。 5. 教师示范，讲解练习体会、动作要点。 6. 学生体会完整练习。 7. 异质分组练习。		激发学生大胆尝试的勇气，培养学生的创新精神。
	6′ 2~3次	体能练习： 往返跑	1. 分四组进行。 2. 练习中听从指挥遵守规则。	1. 教师讲解练习方法。 2. 提出练习的要求。		增强学生的集体观念，能够自觉地遵守规则。
五	4′	1. 放松活动。 2. 教师讲评本课。	1. 听音乐做放松练习。 2. 认真听教师讲评本课。	1. 引领学生做放松活动。 2. 总结讲评，师生再见。		使学生学会正确地评价自己，树立积极向上的学风。

《排球正面双手垫球》教学案例

一、理论依据

本课以《义务教育体育与健康课程标准》（2011年版）为依据，坚持"健康第一"的指导思想，遵循科学学练、循序渐进的思想原则，通过自主性学习、合作性学习、探究性学习等教学方式，充分体现学生为主体、教师为主导的民主、平等、和谐的师生关系。以学生的实践能力为培养目标，挖掘学生的主观能动性，使其学会学习，学会合作；使学生不断挑战自我，体验成功，进而激发学习兴趣，掌握一定的运动能力，达到锻炼体能、增强体质的目的。

二、教材与学情分析

软式排球是小学人教版《体育与健康》基础项目，它对场地要求不高，规则易于掌握，趣味性强、易学，反弹力低、球速慢、强度小、娱乐性强，更能培养学生对排球运动的兴趣。学习软式排球可以发展学生上下肢力量及弹跳能力，体验位移、速度、时空等运动感觉，提高神经系统的灵活性，培养学生的沟通交流能力和与人合作的意识。五年级学生，活泼好动，有一定的运动基础，好胜心强。他们对排球的了解和认识并不如篮球足球多，本课内容较为适合五年级学生的身心特点。本课运用讲解示范、模仿练习和分组练习等，放手让学生自主学习，切实让学生成为课堂的主人，并逐步形成探究意识和创新精神，充分感受身体运动的快乐。

三、教学目标

（一）通过本节课的学习，使90%以上的学生基本掌握正面双手垫球的动作方法,并且能够根据来球判断移动,完成垫球动作,提高学生动作的协调性和各项身体素质。

(二)通过学练,使学生体验到参与运动的乐趣与成功的快乐,培养学生的合作意识与交往能力。

四、教学重点和难点

教学重点:夹臂、提肩、顶肘、压腕,垫球的部位准确。
教学难点:判断准确,上下肢协调用力。

五、教学过程

课堂常规—准备活动—尝试玩球—正面双手垫球动作概念的建立—辅助动作练习—完整动作练习—体能大转盘—放松小结—布置收回器材。(详见表格教案)

六、渗透德育教育

以《体育与健康学科德育实施指导纲要》为指导,让学生知道集体活动中纪律的重要作用,让学生懂得令行禁止的要求。通过练习时同学之间的互帮互助和体能大转盘的教学,培养学生团结合作、顽强拼搏的意志品质,体验快乐,培养集体主义精神。

七、场地器材设计

小排球41个;呼啦圈4个;跳高架5副;彩带5条;小栏架6个;步梯2个;标志盘10个;音响1台。

课的练习密度预计:60%~65%。

四、适美课堂篇

教材内容	一、排球：正面双手垫球 二、体能练习			第 1 次课	
		教 学 目 标			

认知目标：90%的学生能够明确正面双手垫球的练习要求，了解正面双手垫球的动作方法。

技能目标：80%的学生基本掌握正面双手垫球的技术动作，提高学生动作的协调性和各项身体素质。

情感目标：通过游戏与比赛，培养学生的合作意识、吃苦拼搏精神，体验到运动的乐趣与成功的喜悦。

教学重点	夹臂、提肩、顶肘、压腕，垫球的部位准确		教学难点	判断准确，上下肢协调用力	
课的顺序	次数时间	教学内容	学生学习活动方式	教师的指导	练习队形	思想渗透
一	2′	1. 体育委员整队，报告人数。 2. 师生问好，教师宣布学习任务和要求。	认真听老师宣布学习任务和要求。	宣布本节课的学习内容，提出学习的要求。	▲	激发学生的学习兴趣，树立自尊、自信的品质。
二	8′	准备活动：慢跑	在老师的引导下，进行慢跑。	1. 教师提出练习要求。 2. 师生互动同做练习。	▲	激发学生的学习兴趣，使身体充分活动开，为学习新动作做准备。
		专项准备活动：热身操	1. 体现自我，表现自我。 2. 在老师的引导下，进行各项活动练习。	1. 教师提出练习要求。 2. 师生同做练习。	▲	

191

续表

教材内容	一、排球：正面双手垫球 二、体能练习				第 1 次课	
课的顺序	次数时间	教学内容	学生学习活动方式	教师的指导	练习队形	思想渗透
三	18′	1. 尝试玩球。 2. 动作展示。 3. 徒手模仿练习。 4. 击固定球练习。 5. 自抛自垫练习。 6. 两人一抛一垫练习。 7. 两人一组，过一定高度标志线的一抛一垫练习。 8. 各个方向的垫球练习。 9. 两人一组，对垫练习。	1. 积极大胆，尝试体验发现。 2. 主动参与，合作性地进行正面双手垫球动作的学习。 3. 练习中注意听教师引导，及时改进动作。 4. 积极大胆地展示。	1. 介绍动作并示范。 2. 讲解动作要领。 3. 学生尝试练习动作。 4. 学生合作尝试练习。 5. 巡视指导，及时纠错。 6. 学生进行展示。 7. 教师评价总结。		通过合作探究学习，使学生进一步学习并掌握动作要领，培养学生独立判断的能力。
四	8′ 2~3次	体能大转盘	1. 进行体能练习。 2. 练习中听从指挥，遵守规则。	1. 教师讲解方法。 2. 提出练习要求。 3. 巡视指导学生做练习。 4. 讲评练习情况。		增强学生的集体观念，能够自觉地遵守游戏规则。
五	4′	1. 放松活动。 2. 教师讲评本课。	1. 听音乐做放松练习。 2. 认真听教师讲评本课。	1. 引领学生做放松活动。 2. 总结讲评，师生再见。		使学生学会正确、客观地评价自己，树立积极向上的学风。
场地器材	小排球 41 个；呼啦圈 4 个；跳高架 5 副；彩带 5 条；小栏架 6 个；步梯 2 个；标志盘 10 个；音响 1 台。			密度预计	60%~65%	

《线条的动与静》教学案例

教学目标：

1. 使学生能够体会不同种类的线条带来的不同视觉感受，感知不同线条在美术作品和生活中产生的视觉效果。
2. 教会学生能用曲线与直线表现出动与静的感觉。
3. 培养学生能在对不同作品的观察和创作中提高分析能力和造型能力。

教学重点和难点：

1. 在曲线和直线的对比中，引导学生体会它们带来的不同视觉感受，并将这种感受表现在自己的美术创作中。
2. 培养学生运用线条表现出动与静的感觉。

教学过程：

一、适趣导入，揭示主题

教师：同学们，生活的趣味无处不在，一根线条的移动就能让人着迷，现在，就让我们跟着一条线去散步。

学生观看视频。

教师：散步归来，你发现了什么？给你怎样的体验？

请学生谈感受，教师及时评价。

教师小结：是啊，多么美妙的线条之旅啊。

板书：线条。

【设计意图】选择精美的图片做成有趣的动画，通过视觉效果，适宜导入，吸引学生注意力，激发学生的学习兴趣。

二、适宜任务，探究体验

（一）生活中的线条

教师：你还关注过哪些有趣的线条？

请学生说一说在生活中发现的有趣的线条。

教师小结：线条就在我们身边，同学们都很善于观察生活。

（二）感受中国传统艺术上线条的动与静

老师：我们的祖先善于观察，师法自然，把生活中看到的线条画进了彩陶里。（出示图片）

教师：你觉得它画的是什么？

请学生猜测。

教师：（出示视频）描绘的正是湍急的黄河水。

教师：为什么会把黄河水的线条画在陶器上？

请学生体会线条是劳动人民生活的真实场景写照。

教师：这种漩涡式的线条给你什么感受？

请学生感受线条带来的强烈动感。

教师：在这件彩陶中，除了曲线我们还可以看到一种线，什么线？

学生发现直线。

教师：请同学们回答，直线带给我们什么感觉？

学生感受直线赋予了我们静的感受。

补全板书：线条的动与静

（三）在各种艺术形式中找出动感或静态的线条（汉画像砖、青铜器、建筑）

教师：在这些艺术形式中你找到线的痕迹了吗？

找出线条并标出来，说一说这些线条给你什么感觉。

请同学们找出线条并说感受。

（四）小组探究各种艺术领域中线条的动与静（书法、雕塑、绘画）

分组探究，体验这些艺术作品中线条的形态，并用各种材料再现线条的动静之美，探究结束后进行小组汇报。

书法：楷书、草书对比，通过书写体验感受书法线条的动与静。

雕塑：秦俑、陶俑对比，用线条塑造它们的身姿，感受线条的动与静。

壁画：分别用纸条、丝带再现飞天的飘带，感受动感的线条。

绘画：临摹吴冠中水墨作品《双燕》，感受直线带给作品的意境。

赏析吴冠中《湘西水乡》

这幅画给你怎样的感觉？

表达了画家怎样的情感？

学生赏析。

赏析凡·高《星月夜》

用线条知识解读这幅画。

教师：请问这幅画表达了画家怎样的情绪？

学生赏析。

【设计意图】通过观察、对比、实践等多样的活动方式，适时引导学生探索和感悟线条的动静之美，提升人文素养和艺术创作水平。让学生从古今中外艺术作品中感受线条的动与静，领略中国传统艺术美，感受其中折射出的文化与民族精神，提高学生的艺术修养和对高雅艺术的鉴别力。

三、自主创作，巡视辅导

学生用课前准备的线条材料来表达或动或静的感觉。

创作要求：结合设想，选择自己喜欢的方式进行创作。可用绘画、剪贴、水墨画、铁丝塑造等形式进行表现。根据需要，可以选择小组合作。

【设计意图】老师引导学生用各种形式的线条适意表达出自己的思想，体验创作中的乐趣。在创作过程中，达到理解和提升。

四、展示评价，互相欣赏

学生作品贴到展板上进行展示，自评与互评相结合。

你对哪一件作品一见倾心？

谁愿意来分享一下你的线条语言？

【设计意图】尊重学生艺术个性的发展，建构多元的评价层次，使不同学生都能在艺术活动中感受到愉悦，从而使学生通过美术适美课堂舒展心绪、修身养性，在智力、情感、人格素养诸方面得到均衡发展。

五、适度拓展，生活延伸

欣赏各种艺术品中线条的运用。

学生欣赏图片。

教师：线条就是有这样的魔力，成为所有艺术之不可或缺的要素。线条之旅没有尽头，希望同学们继续寻找线条之美，用线条勾勒艺术，用艺术为生活着色。

【设计意图】与导入做呼应，引导学生深入思考，强调线条的无限魅力，激发学生的再创造力。

《精美的邮票》教学案例

教学目标：

1. 学生简单了解邮票的形式、种类、外形、功能等特点。

2. 学生能抓住邮票的特点，了解邮票的设计要素，体会邮票的艺术性并能设计有创意的邮票。

3. 培养学生对美术浓厚的学习兴趣和创作欲望，养成善于发现、勤于思考、精心制作和大胆想象的习惯。

教学重点和难点：

1. 根据邮票的特征，手绘设计一张邮票。

2. 创作的邮票是否主题突出、制作精美。

教学过程：

一、适趣导入，揭示课题

教师：（课件出示 QQ 头像）同学们，你们认识它吗？

学生：QQ。

教师：是的，这是我们常见的即时通信软件。（出示实时对话聊天动画）

现代聊天工具可以让人天涯如咫尺，却总是少了些见字如面的期待。大家知道以前人们最常用的联系方式是什么吗？

学生：写信。

教师：没错，写信是一种古老而温馨的联系方式。但是要将写信人的思念准确传递给远方的亲人还需要一个小小的东西来帮忙，是什么？

学生：邮票。

教师：今天，我们一起走进邮票的世界，感受它独特的魅力。

板书课题：精美的邮票

【设计意图：通过师生谈话，配以动画创设同学们熟悉的生活情景，自然适宜的导入让学生初步感知了解了邮票的作用，从而明确学习目标并激发学生进一步学习的兴趣与愿望。】

二、适宜任务，探究体验

（一）邮票的历史

教师：关于邮票，曾经流传着一个小故事，请同学们看大屏幕。

学生观看视频。（视频展示邮票的由来）

教师：从这段视频中你获得了哪些信息？

学生汇报获得的信息。从中了解邮票的由来及世界上第一枚邮票的诞生。

（出示图片）

教师介绍世界上第一枚邮票——黑便士。

教师：看，这就是世界上第一枚邮票——黑便士。它以英国女王侧面肖像为图案，黑色油墨为底，面值为一便士，所以名为"黑便士"。

由此引出中国第一枚邮票。（出示图片）

教师：我们中国的第一枚邮票又是什么样的呢？上面有什么图案？

学生欣赏并交流。

教师：一条威严无比的龙腾空而起，非常具有中国特色，我们称它为"大龙邮票"。

（二）邮票的特点

教师：世界各国的早期邮票图案都比较简单，到了现在，全世界已经发行了30多万种邮票，票面图案越来越精致、美观，一起来欣赏。学生欣赏并谈感受，总结出邮票的特点：

外形多变、体积小、题材丰富、图案精美，蕴含了丰富的文化信息，被称为"微型百科全书"。

教师：其中，哪一张令你印象最深刻？

学生谈欣赏感受，介绍自己喜欢的邮票，从中得知文化内涵。

【设计意图：认真遴选适合学习的各类邮票作品，适材探究，使学生有一个直观的视觉感受，激发学生的想象力和创作力，调动学生的积极性。从而启迪学生的审美意识，提高学生的艺术修养。】

（三）邮票的种类

教师：在众多的邮票中我们把邮票分为三类，你知道是哪三类吗？

学生到课本中找答案。找到邮票的分类：纪念邮票、普通邮票、特种邮票。

教师：谁能分辨出这里面哪些是纪念邮票、哪些是普通邮票、哪些是特种邮票吗？

（课件分辨邮票种类）

学生根据课件图片进行分辨。

教师：其实分辨它们有个小窍门。邮票边角处有的带字母J，还有的带字母T（使用放大镜工具），知道代表什么吗？

学生领会其意并回答。

教师小结：这是它们的首拼字母，带有字母J的是纪念邮票；带有字母T的是特种邮票；没有字母的是普通邮票。

（四）邮票的组成

教师：请同学们再仔细观察，邮票上除了有精美的图案，还有哪几部分？（课件展示）

学生寻找发现邮票的组成。

教师：今年是猪年，所以我设计了一枚以小

猪为图案的生肖邮票。

教师利用多媒体示范操作设计的一枚生肖猪邮票。

教师：你能用这些相同的元素设计一枚与我不一样的邮票吗？

找学生上台用相同的元素不同的排版再设计一枚。

教师引导外形还可以加以改变。

（出示多个范作）教师小结：相同的元素不同的设计可以产生不同的风格。但无论怎样变化，邮票上基本要素是必不可少的。

【设计意图：通过观察、对比、实践、示范等多种教学方法，适时引导，让学生了解邮票的种类及组成。加深学生对邮票创作过程的认识。通过演示和模仿的学习过程，积极捕捉和归纳学生自学过程中的有关信息，抓住重点、难点和倾向性问题，适时点拨引导。】

三、自主创作，巡视辅导

教师：同学们，经过刚才的探索，现在你打算设计一枚怎样的邮票呢？请思考并跟同学们交流分享一下。

学生分享自己的构思。

教师总结，布置课堂设计并提出作业要求：图案设计不要太复杂，简单明了，主题突出，色彩鲜艳。

学生创作。教师巡视辅导。

【设计意图：在了解邮票的特点和组成后，布置开放性作业，尊重学生的感受和个性发展，鼓励学生利用绘画形式适意表达，从而最大限度地开发学生的创造潜能，达到将创新观念转化为具体成果的能力。】

四、展示评价，互相欣赏

（一）个人或小组选出代表上台展示自己的作品。

（二）同学们谈谈你喜欢哪一张？为什么？

（三）请作者介绍自己的设计意图，为什么设计它？

【设计意图：尊重学生艺术个性的发展，适性评价，建构多元的评价层次，使不同学生都能感受到艺术活动的愉悦，让学生在获取知识和技能的同时，进一步加深学生对邮票的认识和理解，培养和提高学生的审美情趣。】

五、适度拓展，生活延伸

其实，邮票不仅局限在小小的集邮册中，它已经从集邮册走上了国际舞

台。(欣赏视频)

通过现代设计,邮票的美变成了时尚生活的一部分,向全世界展现了它无穷的魅力,期待中国邮票文化在更多的领域绽放异彩,更期待经同学们之手,让方寸邮票成为永久流传的经典之作!

【设计意图:通过适度拓展,加深学生对邮票文化的体验,强调邮票文化的无限魅力,激发学生的创造力。】

《鞋底花纹的启示》教学案例

教学目标：

1. 知道摩擦力是一种直接作用在物体上的阻碍物体运动的力。

2. 能通过对比实验，探究影响摩擦力大小的因素；能对探究结果表达与交流。

3. 能在好奇心的驱使下对摩擦力表现出探究兴趣。

教学重点和难点：

1. 知道摩擦力是一种直接作用在物体上的阻碍物体运动的力。

2. 能通过对比实验，探究影响摩擦力大小的因素；能对探究结果表达与交流。

教学过程：

一、适趣导课，揭示课题

老师：今天我注意到同学们穿着各式各样的鞋子，都非常漂亮。你观察过自己的鞋底吗？现在请同学们观察一下自己的鞋底看看有什么发现？（学生观察、交流）

老师：这些花纹有什么作用呢？今天我们一起走进《鞋底花纹的启示》，探究其中的秘密。（板书课题：鞋底花纹的启示）

【设计意图：通过直接让学生观察鞋底花纹，唤醒学生的已有生活经验，激发学生的科学探究兴趣，为下一步课堂探究活动做好准备。】

二、适宜任务，研学新知

（一）同学们玩推拉游戏，发现摩擦力

老师：同学们，接下来我们来做一个小游戏，老师请两位同学上来，其中一位蹲下，另一位同学来拉，看能不能拉动，谁上来？

老师：老师来采访一下这位被拉的同学，你的脚有什么感受？

学生：滑动。

老师：滑动时地面对你的脚有一个力吗？

老师：这个力是向前推你的脚，还是拽你的脚？

学生：向后。

老师：所以地面对脚的这个力是什么作用？

学生：阻碍。

老师：一种阻力。（板书）

（二）老师小结

这个力就叫作摩擦力。当我们在地面上推或拉一个物体时，在物体和地面之间会产生阻碍物体运动的力，像这样的力就是摩擦力。

【设计意图：摩擦力对三年级的学生来说，比较抽象和陌生。此环节的目的是让学生通过亲身体验活动，感受推或拉物体时，会发现阻碍物体运动的力，从而引出摩擦力的概念。】

三、适切方式，深入探究

（一）学生推测摩擦力的大小与什么因素有关

老师：摩擦力有大有小，摩擦力的大小与什么有关系呢？

（图片呈现，学生猜测）

老师：怎样知道呢？

学生：做实验。

（二）对比实验

老师：老师给同学们准备了器材，木板和不同的木块，我们用木板代替地板，用木块代替被拉动的人，好不好？

老师：怎样用这些材料来验证摩擦力与重量的关系？

学生：用不同的木块放到木板上。（呈现图片）

老师：接触面一样吗？

学生：一样。

老师：哪些不变？

老师：一个条件变，其他条件不变，这就叫对比实验。

老师：我们用手来感受摩擦力的大小准确吗？

学生：不准确。

老师：在实验中测量摩擦力有专门的工具，叫测力计。测力计怎样使用呢，我们一起来看一下。

（视频讲解）在木板上匀速水平拉动小车，测力计上的示数就是木块所受到的摩擦力的大小。

老师：我们应做几次呢？为什么？（学生交流并回答）

老师：请同学们拿出实验器材，开始实验。

老师：老师看到同学们都完成了实验，谁愿意上台汇报一下你们的发现？（引导学生通过实验归纳出定义）

老师：摩擦力除了与重量有关，还与什么有关系呢？同学们，接下来我们再做一个小游戏，请同学们拿出自己的小手，分别在桌面上和头发上滑动，看看有什么感受？

老师：摩擦力的大小还与什么有关系呢？

学生：接触面的光滑程度。

老师：接触面的光滑程度又与摩擦力有什么关系呢？老师给大家准备了一些器材（全部器材），根据刚才我们研究摩擦力与重量大小关系的方法，也用对比实验研究接触面的光滑程度与摩擦力的关系。接下来小组讨论并设计实验方案。

老师：哪个小组汇报一下你们的实验方案？

老师：接触面的光滑程度、木块的重量一样吗？

学生：接触面不一样，木块的重量一样。

老师：哦，只改变接触面的光滑程度，其他条件没有改变。

老师：请同学们拿出器材开始实验。

（三）形成科学理论

通过实验我们得出的结论是，在水平面上推或拉一个物体时，接触面越粗糙，摩擦力越大；被拉动的物体越重，摩擦力越大。

老师：通过实验验证了我们的猜想是正确的，同学们真棒，掌声送给自己。

【设计意图：本探究活动意在引导学生基于生活经验展开大胆猜测，基于证据进行充分交流，基于数据认真对比，让学生体验到合作探究的乐趣，提升学生的探究能力、观察能力和分析数据的能力。】

四、适度拓展，学以致用

老师：同学们，摩擦力在我们生活中运用十分广泛，你在哪里见过摩擦力呢？

老师：接下来老师要考一考大家，敢不敢接受挑战？

老师呈现图片，学生说每幅图片是怎样改变摩擦力大小的。

老师：摩擦力在我们生活中运用十分广泛，它既给我们带来了好处，又给我们带来了困惑，接下来老师给大家带来一段视频，我们来看一下。

（课件播放：生活中的摩擦力）

老师：同学们，为什么鞋底有不同的花纹呢？

学生：为了增大摩擦力。

老师：看来同学们真正理解了本课的内容。

【设计意图：目的是使学生利用所学知识解释生活中的其他物品与现象，让学生了解摩擦力的"功与过"，认识到摩擦力在生活中的广泛应用。】

五、拓展活动

老师：同学们，摩擦力除了与接触面的光滑程度和物体重量有关，还与什么有关系呢？请同学们课下继续研究。

【设计意图：目的是引导学生持续关注，课下继续探究生活中的摩擦力现象。】

《百变绳结》教学案例

教学目标：

1. 初步了解生活中的绳结。在教师的适时指导下，学生借助示意图和视频资料学会系单结、外科结。

2. 学生在组内深度参与，运用不同的方法自主尝试打新结。

3. 从生活情境中发现问题，解决问题，感受生活中所蕴藏的绳结奥秘。

4. 在小组合作中体验团队力量，时时发挥综合实践活动课程在立德树人中的作用。

教学重点和难点：

1. 认识绳结，学会打单结、外科结、8字结、双套结、平结、接绳结、伊恩结等，体验动手实践和解决问题的乐趣，提高学生的操作能力和自理能力。

2. 通过活动，灵活运用学到的四种方法，探索绳结的奥秘，学会各式各样的新结。

教学过程：

一、适趣情境激兴趣

老师这里有一根普普通通的绳子，下面，我要用它来变个魔术。

老师打结，演示活结、死结的转换，学生观看。

看！多么奇妙的绳结啊，今天就让我们走进百变的绳结。

【设计意图：用变魔术的方式吸引学生的注意力，激起学生学习绳结的兴

趣，勇于探索的精神。】

二、适宜任务初尝试

（一）借助示意图打单结

1. 借助示意图，学习最简单的单结。

2. 教师梳理打结技法和学习方法。

（板书：交叉，缠绕，拉紧）

（二）借助视频学打外科结

1. 提高难度，学生学习打外科结。

2. 学生跟着视频学，边看边试边学。

3. 教师指导关键步骤：绳子的位置和压挑的方向。

（板书：压挑）

4. 找到窍门后，学生再次练习，多数学生能成功打出外科结。

借助视频、请教高手同样可以帮助我们成功地打出绳结。

（板书：请教身边高手　借助视频资料）

【设计意图：学习的内容由易到难，学习的过程同样由易到难。先是单结，然后做个复杂点的外科结。这既有变式迁移，又有教师对外科结难点的指导——找准关键点，自主关联，让学习变得很轻松。同时，教师渐渐渗透绳结的编制需要不同的技法，提升学生的理性思维。】

三、适切方式重实践

（一）小组选择材料，自主或合作探究各自不同的新结。争取在五分钟内找到窍门，打出本组的新结

双套结、8字结。平结。接绳结。渔夫结。伊恩结。

【设计意图：五个组，六种结。打结的技法不同，复杂程度不同，难易程度也不同，学生善于运用的学习方式也不同。为了尽量做到公平，老师给每个组提供了两到三种学习方法，深度引领。相对简单的结，需要在相同的时间内打出两种，既让学生深度参与，又提高了学生解决问题的能力。】

（二）各小组学打绳结

【设计意图：学生在自主探究时，老师提供的材料是不同的。有的是实物，有的是示意图，有的是视频。目的是让学生在探究时能乐学善学，积极思考，找到适合自己的学习方式。同样，我们也需要尊重学生的差异性，毕

竟学生的识图能力不同、空间想象力不同，手指的灵活程度不同，对本组绳结的喜爱程度不同，所以在相同的学习时间内也不可能保证每一位学生都能成功打出新结，允许学生此时有遗憾。毕竟孩子们在智力、情感、人格素养诸方面的发展是不均衡的，这是老师对学生的尊重。】

（三）交流展示作品，师生点评，共同梳理学习方法与技能

1. 绳结技能：穿插

2. 学习方法：实物拆解分析　　请教身边高手

【设计意图：蒙田说："我有两个忠实的助手，一个是我的耐心，另一个就是我的双手。"在实践打新结的过程中，耐心和尝试让许多同学走向了成功！而不同的打结方法和多种学习方法的总结，可以让学生发挥最大的潜能，成为最好的自己。在一点一滴的学习中，健全自己的人格。】

（四）用方法，互相学

开展组与组之间的相互学习。要求：每组留两名成员当小老师，在组内等待别人的请教。其余同学去不同的组，向一位小老师请教他手中的结，或者选用适合自己的方法，学习新结。学会后，快速回到本组，展示交流。时间是6分钟。

【设计意图：在相同的时间内，分组学习，然后再集中交流。既会提升学生的学习兴趣，缩短学习时间，又会锻炼学生的自主参与意识与合作沟通能力。做到人尽其责、合理高效。学生是学习的主体，课堂更是快乐的。】

四、适时反馈解问题

（一）博学而笃行！学习就是为了更好地运用！下面让我们小试身手"6分钟挑战赛"

（课件：先出示挑战内容）

（二）小组挑战赛，6分钟

（三）全班展示

【设计意图：学习就是为了更好地运用，老师在课堂上给学生提供运用的机会，既可以让学生有解决问题的意识，又可以让学生对新结的学习及时巩固。】

五、适度拓展再延伸

（一）视频：中国结欣赏

（二）老师现场编吉祥结

【设计意图：课上学习的大多数是实用绳结，那中国结的欣赏则会激起学生更多的学习欲望，渗透人文积淀，提升审美情趣。】

（三）生活中还有很多漂亮、实用的绳结。课下，希望同学们带着这份热情，继续我们的百变绳结之旅

【设计意图：如果在活动中，我们教师能先给学生编制绳结的钥匙，再巧妙地为学生打开绳结的大门，那相信学生会在绳结的世界里自由探索，不断乐学会学，不断实践创新，拓展综合实践活动的宽度、深度、广度，引导学生自我提升，学以致用，持续发展！】

《纸雕花球》教学案例

教学目标：

1. 通过观察纸雕花球，了解它的结构特点，通过分解造型、组合造型的过程，引发学生主动探究，深度思考，从而学习纸雕花球的制作方法。

2. 通过自主探究、小组合作的方式，灵活运用折、剪、粘、画等技法完成花瓣的制作，在教师的适时引导下，把零散的花瓣组合成花球。

3. 通过多种纸雕花球的制作，深度理解组合的规律，提高学生的动手能力、操作水平、知识迁移水平，从而培养学生的立体造型能力、空间想象力。

4. 通过展示评价，让学生善学习、多反思，体验工匠精神，感受艺术魅力，传承民间艺术，增强民族自豪感。

5. 培养学生的合作意识，养成良好的卫生习惯，培养团队协作精神及竞争意识。

教学重点和难点：

学习一种纸雕花球的制作，变式迁移，举一反三，进行不同组合方式的花球制作。

教学过程：

一、适趣情境——赏图片，激兴趣

花是自然界中的精灵，在这个大千世界里，总有许多神奇而又相似的花。请大家欣赏。你发现它们的共同点了吗？

学生谈发现。

老师总结：它们都由一朵朵很小的单花聚拢起来，相互簇拥着，团结在一起，形成球状。

（出示实物）

老师：看，老师这里也有一朵球状的花。看出它的材质了吗？这就是我们今天要学习的内容——纸雕花球。

揭示课题：纸雕花球。

二、适宜任务——细观察，找特点

（一）请同学仔细观察，它是怎样制作出来的

（二）学生汇报

通过观察，师生共同梳理出纸花球的构造特点、制作步骤和可能使用的技法等。

教师根据学生的发言，随机板书：

花瓣　花朵　花球

折　粘　组合

三、适切方式——找方法，巧运用

（一）那这个花瓣是怎样做出来的呢？

拆分花朵，老师示范，一组一个花朵。

老师：看来，花瓣是最小的构成单位。只要学会了折花瓣，离成功就不远了。为了方便同学的探究，老师送给每个小组一朵花。请小组长取走，拆开花朵，人手一瓣。你觉得用什么方法能探究出花瓣是怎么折的？（动手拆一拆，或者详看流程示意图）

（二）学生小组合作，自主选择探索方法（现场拆分，或看流程示意图），练习折花瓣。

（三）汇报展示：学会的举起花瓣。谁想上来给大家演示一遍？看着他的演示能不能帮你解决遇到的困难。

（四）学生边说边演示，分享窍门。在折花瓣时使用尺子，可以让折痕清晰，让边角对齐，这样制作的花瓣才能大小相同，周正漂亮！

（五）教师点评：学会了，又能教大家，这不就是小老师吗！掌声送给她！看！向身边的高手学习也是十分实用的方法。

（六）学生活动：下面我们比一比哪个组最先做好两朵花。

学生再次折花瓣。

老师适时指导：由花朵组成花球是个难点，请大家仔细看看视频。

（播放视频）

同学们三组为一队，快速把你们的花朵组成半个花球。

师生共同欣赏，分享成功之道：色彩缤纷的花球又一次呈现在大家的面前。你想说些什么？

短短的十几分钟，我们就让两朵纸雕花球在教室里绽放了。掌声送给自己！老师为你们的成功合作点赞！

四、乐学乐研——再拓展，明流程

（一）欣赏更多造型的纸花球

老师：如果说世界上没有两片相同的雪花，同样世界上也没有两个相同的纸花球。

（课件欣赏）让我们欣赏更多造型的纸花球吧！课件停在几个纸花球上。

（二）制作多种造型的纸花球

同学们想不想挑战制作更多造型的纸花球？我们可以怎样探究它们的制作方法？（指名说，出示课件）

老师：这些探究方法（拆分实物、参照流程示意图、借助视频、请教身边高手）可以单独使用也可以组合使用。在每个材料盒中，老师为大家提供了实物、相应的制作视频、流程示意图。请小组商议，选择喜欢的花球尝试制作。

老师课件补充活动要求：

1. 分工合作。

2. 边角对齐。

3. 色彩搭配。

4. 粘贴牢固。

5. 安全卫生。

老师：请小组长领取材料。现在继续我们的探究之旅吧！

（三）小组制作探究花球

汇报交流分享探究结果。

老师点评：你们还会使用这种新的组合方式插接；我们游戏中常玩的东

西南北也能做成花球，一样能闪耀别样的美丽。

（四）小结收获

今天我们共度了愉快的几十分钟，你能说说自己的收获吗？

五、适度拓展——感受美，传承美

（一）视频拓展

今天，我们发挥集体的智慧和力量，制作了不同造型的纸雕花球。纸雕花球是纸艺的一种。纸艺是我国最古老、最传统的民间艺术之一，生活中处处可见它的影子。看！美在一刀一雕、一纸一折中流淌。同学们，只要把一件小事做到极致，平凡的你将变得不平凡。

（二）课后再实践

课下，各小组同学可以交换花球的制作示意图，再学习一种或几种其他的花球制作。可以针对自己感兴趣的其他纸艺内容开展深入探究制作。让创意无限，让美丽留存。